Die 12 Bereiche des Bewußtseins

Entwürfe für die Zukunft – Band 34

Inhaltsübersicht

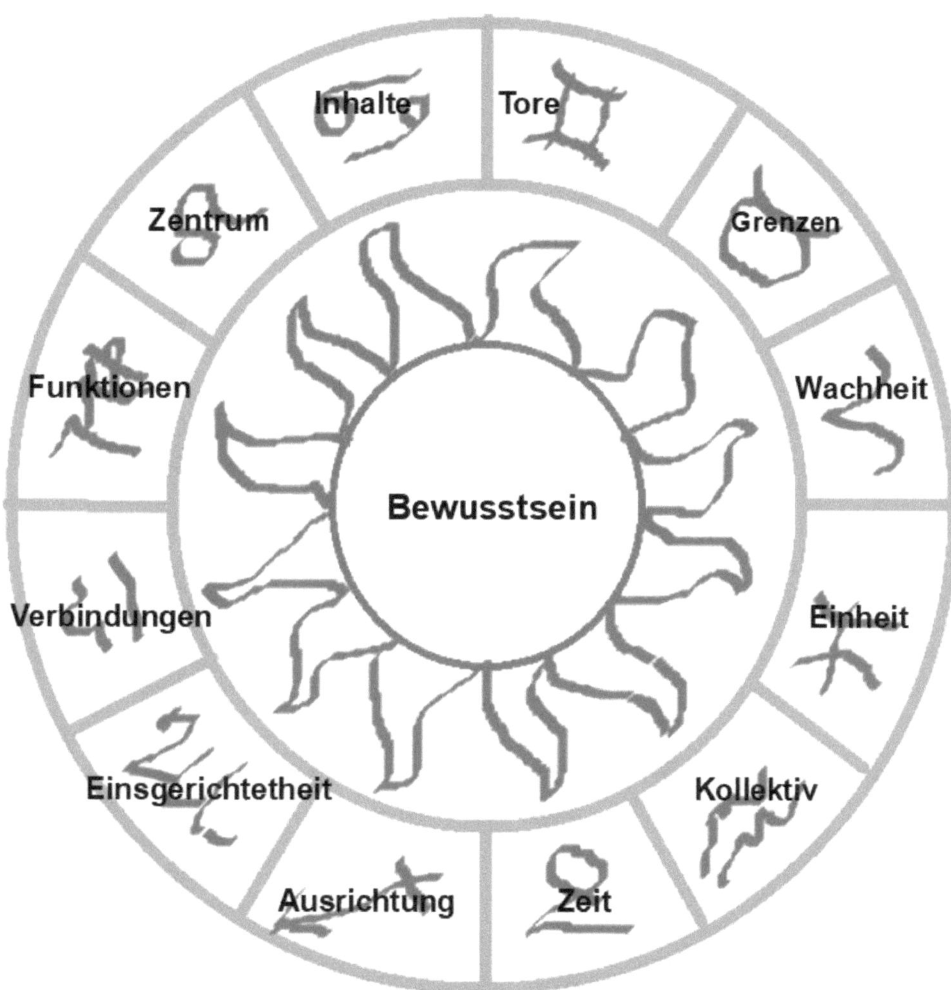

Warum 12?

Alle Bücher dieser Reihe haben genau 12 Kapitel – was sich ja auch in den Titeln dieser Bücher widerspiegelt. Warum?

In diesen Büchern wird der Tierkreis als Matrix von 12 verschiedenen Sichtweisen auf die Welt verwendet, um das Thema des Buches möglichst umfassend in 12 Kapiteln zu betrachten. Dadurch wird eine ausgewogenere, umfassendere und tiefere Einsicht in das jeweilige Thema erlangt als es ohne ein solches Raster, ohne eine solche Matrix möglich wäre.

Der Tierkreis wird in dieser Buch-Reihe als Forschungs-Hilfsmittel benutzt, durch das die Einseitigkeiten in der Betrachtung zumindest vermindert werden können. Weiterhin werden durch dieses Vorgehen diese 12 Sichtweisen auch als Ergänzungen zueinander, als organische Teile eines Ganzen deutlich.

Die Inspiration zu diesem Vorgehen stammt aus Hermann Hesses Roman „Das Glasperlenspiel", für das er 1946 den Literatur-Nobelpreis erhielt. In diesem Roman beschreibt er die öffentlichen Darstellungen von Übersichten und Gesamtbetrachtungen, die mithilfe von verschiedenen allgemeinen Strukturen wie z.B. dem Ba Gua aus dem chinesischen Feng-Shui angefertigt und aufgeführt werden.

Diese Buch-Reihe ist ein Versuch, Hesse's Idee im ganz Kleinen konkret zu verwirklichen.

Die Blickwinkel der 12 Tierkreiszeichen sind:

♈	Widder:	Spontaner
♉	Stier:	Genießer
♊	Zwilling:	Neugieriger
♋	Krebs:	Familienmensch
♌	Löwe:	Egozentriker
♍	Jungfrau:	Handwerker
♎	Waage:	Schöngeist
♏	Skorpion:	Tiefgründiger
♐	Schütze:	Idealist
♑	Steinbock:	Realist
♒	Wassermann:	Theoretiker
♓	Fische:	Träumer

1. Wachheit

♈

Was ist Bewusstsein? Die Philosophen sagen, dass das Bewusstsein das einzig Reale ist und dass die Welt nur ein Bild im Bewusstsein ist. Die Materialisten sagen hingegen, dass die Welt das einzig Reale ist und dass das Bewusstsein nur ein elektrochemisches Nebenprodukt ist.

Immerhin kann man aus diesen beiden Aussagen schließen, dass sowohl die Philosophen als auch die Materialisten sowohl das Bewusstsein als auch die Materie kennen: Beides ist unbestreitbar vorhanden. Da ist der, der das alles wahrnimmt und da ist auch etwas, das wahrgenommen wird. Lediglich das Verhältnis zwischen beiden ist unklar.

Es ist ebenfalls unbestreitbar, dass man beides ernst nehmen muss: Wenn das Bewusstsein nicht aktiv ist, schläft man und kann nicht handeln – und wenn man nicht handelt und auf die Umwelt achtet, wird der nächste Unfall nicht lange auf sich warten lassen. Man braucht also sowohl das Bewusstsein als auch die Materie (d.h. den eigenen Leib und ebenso die Umwelt) zum Leben.

Zudem sagen die Philosophen, dass die Welt ein Bild im Bewusstsein ist – und die Materialisten sagen, dass das Bewusstsein nur die subjektiv wahrgenommene Verarbeitung der Sinneswahrnehmungen ist. Beide sind sich also wieder einig darüber, dass sich im Bewusstsein ein Bild der Welt befindet.

Liegt es da nicht schon der Einfachheit halber nahe, Bewusstsein und Materie als zwei Seiten derselben Sache anzusehen? Das Bewusstsein als die Innenseite und die Materie als die Außenseite? Auf diese Weise zwar der exakte Zusammenhang zwischen Bewusstsein und Materie zwar noch immer nicht geklärt, aber das Verhältnis zwischen beiden wäre schon einmal deutlich.

Die Beschreibung von Bewusstsein und Materie als zwei Seiten derselben Sache löst auch das Problem auf, dass es nach wie vor ungeklärt ist, wie Sinneswahrnehmungen ins Bewusstsein kommen und wie das Bewusstsein auf die Materie wirken kann. Da Bewusstsein und Materie zwei vollkommen verschiedene Dinge sind, sollten sie ja eigentlich nicht aufeinander wirken können – wenn sie hingegen die Innenseite und die Außenseite derselben Sache sind, erübrigt sich die Frage, wie beides aufeinander wirken kann.

Man kann diesen Zusammenhang auch anders beschreiben: Bewusstsein ist die subjektive Wahrnehmung – also der Blick von innen her – und Materie ist die objektive

5

Wahrnehmung – also der Blick von außen her.

Natürlich kann man sich auch auf den Standpunkt stellen, dass man immer von innen her auf die Welt schaut – anders ist das ja gar nicht möglich. Man ist immer der Wahrnehmende – ohne diese Wahrnehmung ist da nichts, worüber man reden könnte.

Als Materie erscheinen die Dinge, wenn man die Vorgänge innerhalb der eigenen Wahrnehmungen betrachtet – also in der Beobachtung der Welt.

Andererseits kann man auch sagen, dass in dieser Beobachtung immer etwas da ist, das man beobachtet – die Welt ist also immer da, sobald man hinschaut.

Sowohl Bewusstsein als auch Materie sind also real und es ist immer beides gleichzeitig da. Auch das spricht dafür, dass Bewusstsein und Materie einfach zwei Seiten derselben Sache sind.

> Bewusstsein ist die Innenseite der Materie – und Materie ist die Außenseite des Bewusstseins.

Bei dem Wort „Bewusstsein" denkt man meistens an das Wachen, doch auch das Träumen ist eine Form des Bewusstseins.

Ebenso ist auch der Tiefschlaf eine Form des Bewusstseins, die jedoch vor allem unter Zen-Buddhisten bekannt ist: Man geht in die innere Stille, d.h. man ist nur noch Bewusstsein, dass sich seiner selbst bewusst ist – ohne jegliche Bilder, Gedanken oder Gefühle. Dass dies derselbe Bewusstseins-Zustand wie der Tiefschlaf – oder zumindest ein sehr ähnlicher Bewusstseins-Zustand – ist, zeigt sich darin, dass diese innere Stille dieselbe EEG-Frequenz wie der Tiefschlaf hat.

Neben dem Wachen, dem Träumen und dem Tiefschlaf, die alle ihre eigenen EEG-Frequenzen haben, gibt es schließlich noch die Ekstase, also die Einsgerichtetheit des Bewusstseins. Diese tritt auf, wenn das Bewusstsein ganz auf eine einzige Sache fixiert ist, also bei Lust, Schmerz, Angst, Ekel, Gefahr, einem Trauma, aber auch in manchen Formen der Meditation.

> Es gibt mindestens vier verschiedene und deutlich unterscheidbare Zustände im Bewusstsein: Wachen, Träumen, Tiefschlaf und Ekstase.

<u>1. Zusammenfassung</u>

Bewusstsein ist die Innenseite der Materie – und Materie ist die Außenseite des Bewusstseins.

Es gibt mindestens vier verschiedene und deutlich unterscheidbare Zustände im Bewusstsein: Wachen, Träumen, Tiefschlaf und Ekstase.

2. Grenzen

♉

Das Bewusstsein ist nicht nur ein gestaltloses Etwas und es hat auch nicht nur die vier verschiedenen Zustände – Wachen, Träumen, Tiefschlaf, Ekstase – als Variationen, sondern es hat auch noch Grenzen. Es hat sogar gleich zwei verschiedene Arten von Grenzen.

Die eine Grenze befindet sich zwischen den vier Bewusstseins-Arten, zwischen den vier verschiedenen Zuständen des Bewusstseins. Diese Übergänge sind zum größten Teil jedoch nicht bewusst – lediglich das Erwachen am Morgen ist den meisten Menschen gut bekannt. Dies ist der Übergang vom Träumen zum Wachen. Das Einschlafen bewusst zu erleben, ist hingegen sehr viel schwieriger, da man danach eben nicht mehr wach ist … Auch der Übergang zwischen Träumen und Tiefschlaf ist nur sehr schwer – wenn überhaupt – fassbar. Hingegen sollte man meinen, dass der Übergang zwischen Wachen und Ekstase leicht zu erkennen ist, da man in beiden Zuständen wach ist, doch auch dieser Übergang ist nur schwer greifbar, da man in der Ekstase eben ganz auf eine einzige Sache ausgerichtet ist und daher nicht mehr über das nachdenkt, was man da gerade erlebt. Die Ausnahme ist der Eintritt in den einsgerichteten Meditations-Zustand, da man sich dabei in einem außergewöhnlich wachen Zustand befindet.

> Es gibt drei Grenzen zwischen den vier Bewusstseins-Zuständen (Wachen, Träumen, Tiefschlaf, Ekstase).

Warum gibt es eigentlich diese vier verschiedenen Bewusstseins-Zustände? Welchen Vorteil hat das in der Evolution gehabt? Wie sind sie entstanden? Und warum gibt es solch klare Grenzen zwischen ihnen?

Diese Fragen lassen sich am ehesten beantworten, wenn man sich die Funktionen dieser Bewusstseins-Zustände und der Grenzen zwischen ihnen genauer anschaut.

Das normale **Wachbewusstsein** hat offensichtlich die Aufgabe, das eigene Handeln zu lenken. Daher werden hier die Informationen gebraucht und verarbeitet, die für die augenblickliche Situation von Bedeutung sind. Daher sollten alle wichtigen Informationen im Bewusstsein sein, aber auch nicht zu viele, da dann die Übersicht verlorengehen kann. Im Wachbewusstsein befinden sich also immer ***einige Informationen***.

Die Wahrnehmung des Drucks durch das eigene Gewicht am eigenen Hintern während des Sitzens auf einem Stuhl wird hingegen fast immer als „nicht relevant" ausgeblendet, während man schreibt. Hat man jedoch zu lange gesessen und beginnt der Rücken zu schmerzen, wird diese Information relevant und wird folglich in das Wachbewusstsein eingelassen.

Im Wachbewusstsein werden Dinge gegeneinander abgewogen, Bewertungen gemacht, Entscheidungen getroffen. Daher enthalten die Inhalte im Wachbewusstsein fast immer auch eine Bewertung. Zudem wird im Wachbewusstsein stets ein möglichst realistisches Abbild der Welt erschaffen, in der man sich bewegt.

Das Wachbewusstsein ist sozusagen ein Schreibtisch in einem Büro, auf dem die Dinge liegen, die gerade bearbeitet werden.

Im **<u>Träumen</u>** sieht das alles ganz anders aus. Dort befinden sich die ganzen Erinnerungen, die – wie die Träume zeigen – assoziativ geordnet sind. Dort befinden sich auch die Sinneswahrnehmungen. Von dort gelangen alle Erinnerungen und Sinneswahrnehmungen in das Wachbewusstsein, wenn sie als für die augenblickliche Situation relevant erachtet werden.

Das Traumbewusstsein, das meistens „Unterbewusstsein" genannt wird, ist also ein Art Archiv, in dem alles aufbewahrt wird und in das auch ständig alle Sinneswahrnehmungen gelangen und in „wichtig" und „unwichtig" sortiert werden. Das Archiv enthält ***alle Informationen***.

Offensichtlich gibt es in diesem Archiv so etwas wie einen Archivar, der die ganzen Informationen dort so ordnet, dass bei einer bestimmten Wahrnehmung wie z.B. einem Verkehrsschild oder dem Messer in der Hand eines wütenden Mannes alle Erinnerungen sofort verfügbar sind und auch wachgerufen werden, die für dieses Schild oder dieses Messer von Bedeutung sein könnten.

Im Träumen wandert man offenbar durch dieses Archiv.

> *Die Bewusstseins-Grenze zwischen dem Traumbewusstsein des „Archivs" und dem Wachbewusstsein des „Büros" ist offensichtlich notwendig, damit das Büro nicht mit lauter unwichtigen Informationen aus dem Archiv oder direkt aus den Sinneswahrnehmungen überflutet wird.*

Die **Ekstase** ist die Ausrichtung des Wachbewusstseins auf ***einen einzigen Inhalt*** – entweder einem besonders lustvollen oder einem besonders bedrohlichen Inhalt.

Daher kann man sich diesen Zustand wie das Spotlight der Schreibtischlampe auf dem Schreibtisch in dem Büro des Wachbewusstseins vorstellen – wobei diese Lampe nur bei Bedarf eingeschaltet wird.

> *Die Bewusstseins-Grenze zwischen dem „Büro" des Wachbewusstseins und dem „Spotlight" der Ekstase ist bildlich gesprochen der Schalter dieser Lampe. Dieser Schalter ist notwendig, damit das Wachbewusstsein die meiste Zeit seiner normalen Tätigkeit des Betrachtens, Sortieren, Bewertens, Urteilens und Entscheidens nachgehen kann.*

> *Würde die Spotlight-Lampe ständig brennen, wäre das Bewusstsein ständig nur auf eine einzige Sache ausgerichtet und könnte sich nicht mehr einen Überblick verschaffen und weitsichtige Entschlüsse fassen.*

Der **Tiefschlaf** ist ***ohne Inhalte*** – er ist Stille. Das bedeutet jedoch nicht, dass er eigenschaftslos ist. Wenn man in der Meditation in die Stille geht – die dem Tiefschlaf entspricht – entsteht eine „formlose Fülle" und eine „innere Wärme" und man beginnt zu lächeln … so wie Buddha oder wie die meisten altägyptischen Statuen lächeln.

In diesem Zustand kehrt man zur eigenen Identität zurück, die präsent ist, ohne dass sie dafür in Worte, Bilder oder Gefühle gefasst werden müsste.

Dieses Tiefschlaf-Bewusstsein entspricht offensichtlich dem „Haus", in dem sich das „Archiv" des Traumbewusstseins, das „Büro" des Wachbewusstseins und die „Schreibtischlampe" der Ekstase befinden.

> *Über die Bewusstseins-Grenze zwischen Träumen und Tiefschlaf lässt sich nur wenig sagen – außer dass der Tiefschlaf wie die Leinwand für die Bilder der Bewusstseins-Inhalte ist. Wäre diese Leinwand nicht da, gäbe es auch keine Bilder.*

> *Der Übergang vom Traumbewusstsein zum Tiefschlaf ist offensichtlich das Loslassen aller Bewusstseins-Inhalte, also das Stillwerden.*

Es ist denkbar, dass diese vier Bewusstseins-Arten durch ihre Frequenzen getrennt werden. Diese Frequenzen – die sich mithilfe eines EEG messen lassen – sind:

Tiefschlaf	⌀	3 Hz
Träumen	⌀	6 Hz
Wachen	⌀	12 Hz
Ekstase	⌀	24 Hz

Diese vier Bewusstseins-Arten sind außerdem noch mit den u.a. aus dem Yoga und der Meditation bekannten Chakren verbunden, die man – ein wenig bildlich gesprochen – als „Bewusstseins-Organe" auffassen kann. Das indische Wort „Chakra" bedeutet „Rad" und bezieht sich darauf, dass man diese Chakren als Drehen, Pulsieren und Schwingen erleben kann – was ja alles Bilder für eine Frequenz sind.

Dieser Zusammenhang zwischen der EEG-Frequenz der vier Bewusstseins-Arten und der Frequenz des Vibrierens bzw. Rotierens der Chakren, das man in der Meditation erleben kann, ist sehr schlicht. Die Chakren sind in der folgenden Übersicht so angeordnet, wie sie im menschlichen Körper übereinander liegen.

Scheitelchakra:	Ekstase	⌀	24 Hz
Drittes Auge:	Wachen	⌀	12 Hz
Halschakra:	Träumen	⌀	6 Hz
Herzchakra:	Stille	⌀	3 Hz
Sonnengeflecht:	Träumen	⌀	6 Hz
Hara:	Wachen	⌀	12 Hz
Wurzelchakra:	Ekstase	⌀	24 Hz

Das Bewusstsein mit seinen vier verschiedenen Bewusstseins-Arten ist offensichtlich auch eine Art komplexes, symmetrisches Schwingungs-System.

Es gibt vier verschiedene Bewusstseins-Arten, die verschiedene Aufgaben haben, sich in ihrer EEG-Frequenz unterscheiden und zu verschiedenen Chakren gehören. Dies sind

1. das „Haus" des Tiefschlafs (3 Hz, Herzchakra),

2. das „Archiv" des Träumens (6Hz, Sonnengeflecht und Halschakra),

3. das „Büro" des Wachbewusst-seins (12Hz, Hara und Drittes Auge), und

4. die Ekstase der „Spotlight-Lampe" (24Hz, Wurzelchakra und Scheitelchakra).

Neben den drei inneren Grenzen zwischen Tiefschlaf/Träumen, Träumen/Wachen und Wachen/Ekstase gibt es auch noch eine Grenze nach außen hin: Unser Bewusstsein beschränkt sich normalerweise auf unseren eigenen Körper plus die als Sinneswahrnehmungen erlangten Informationen über die Außenwelt.

Das Bewusstsein ist normalerweise auch nach außen hin abgegrenzt.

2. Zusammenfassung

Bewusstsein ist die Innenseite der Materie – und Materie ist die Außenseite des Bewusstseins.

Es gibt vier verschiedene, deutlich unterscheidbare und voneinander abgegrenzte Zustände mit grundlegend verschiedenen Aufgaben im Bewusstsein:
1. Tiefschlaf („Haus", 3Hz, Herzchakra, Fundament),
2. Träumen („Archiv", 6Hz, Sonnengeflecht und Halschakra, Erinnerung),
3. Wachen („Büro", 12Hz, Hara und Drittes Auge, Urteilen),
4. Ekstase („Spotlight-Lampe", 24Hz, Wurzelchakra und Scheitelchakra, Einsgerichtetheit).

3. Tore

♊

Da Grenzen in einem organischen System schädlich wären, wenn es in diesen Grenzen keine Tore gäbe, die den Austausch zwischen den verschiedenen Bereichen ermöglichen, gibt es auch Bewusstseins-Tore in den drei Grenzen zwischen den vier Bewusstseins-Bereichen.

Über das **Tiefschlaf/Traum-Tor** lässt sich zunächst einmal nicht viel sagen: Es ist der Übergang zwischen der Stille und dem Träumen.

Das **Wachen/Ekstase-Tor** kann recht einfach beschrieben werden: Wenn eine Sinneswahrnehmung oder ein Entschluss auftaucht, der von existentieller Bedeutung ist – Lust, Leid, Gefahr u.ä. – dann werden alle Wahrnehmungen und Informationen, die nicht dieses eine Wichtige betreffen, vom „Büro" ins „Archiv" zurückgeschoben, d.h. sie werden unbewusst.

Am vielfältigsten sind die Vorgänge am **Wachen/Traum-Tor**. Es lohnt sich, sie alle einmal einzeln genauer anzusehen, um die Funktion dieses Tores zu verstehen.

> - Die **aktuellen Sinneswahrnehmungen** werden, sofern sie als relevant eingestuft werden, an das Wachbewusstsein weitergeleitet. Dieser Vorgang zeigt, dass es im Traumbewusstsein (=Unterbewusstsein) einen Filter bzw. eine Verarbeitungs-Instanz gibt, die alle Bewusstseins-Inhalte auf ihre Wichtigkeit hin prüft. Die „Daten" im menschlichen Bewusstsein werden also nicht nur im Wachbewusstsein, sondern auch im Unterbewusstsein verarbeitet.
>
> Während das Unterbewusstsein die Inhalte auf recht schlichte Weise assoziativ ordnet und neue Informationen ebenfalls anhand der Assoziationen zu schon vorhandenen Inhalten filtert, auswählt und evtl. ans Wachbewusstsein weiterleitet, kann das Wachbewusstsein seine Inhalte auf komplexere Weise verarbeiten: vergleichen, abwägen, messen, rechnen, Entwicklungen abschätzen, urteilen, auswählen, entscheiden usw.

- Bei der **Bewusstwerdung von Umständen**, also dem Zustand des eigenen Leibes und der eigenen Umgebung werden ausgewählte Informationen vom „Archiv" ins „Büro" geschickt und liegen dann dort auf den Schreibtisch: Man wird sich einer Sache bewusst.

Dabei kann sich das Wachbewusstsein absichtlich auf etwas ausrichten und alle Wahrnehmungen, die es dazu gibt, sammeln und verarbeiten – also die betreffenden Informationen aus dem „Archiv" anfordern, d.h. sich erinnern. Aber das Traumbewusstsein kann auch von sich aus beschließen, dass eine Wahrnehmung wichtig ist und sie ins Wachbewusstsein schicken.

Wenn eine solche vom „Archiv" ausgewählte Wahrnehmung vom dann auch noch vom „Archiv" unterstrichen und per Express ins „Büro" geschickt wird, entsteht das Erschrecken. Durch dieses Erschrecken wird die Information vom „Archiv" nicht nur ins „Büro" geschickt, sondern zugleich auch noch die „Spotlight-Lampe" angeschaltet: Höchste Alarmstufe!

- Bei der **Erinnerung** gibt es wieder zwei Vorgänge: Bei der einen Variante ruft man sich bewusst etwas in Erinnerung – den Namen einer Person, eines Ortes u.ä. – während bei der anderen Variante das Traumbewusstsein in einer Situation etwas für wichtig erachtet und die betreffende Information in das Wachbewusstsein sendet – z.B. frühere Erlebnisse mit derselben Person.

- Der **Erinnerungsbote** ist eine Technik, um sich an Dinge zu erinnern, an die man schon lange Zeit nicht mehr gedacht hat und die daher nur schwer bewusst zugänglich sind. Bei dieser Boten-Methode konzentriert man sich auf die gewünschte Erinnerung und denkt dann an etwas anderes. Dadurch schickt man vom „Büro" aus einen „Boten" ins „Archiv", der die betreffende Erinnerung holen soll. Schon nach kurzer Zeit kommt er dann plötzlich mit der Erinnerung zurück.

- Die **ABC-Methode** wird ebenfalls für die Erinnerung an zunächst nicht erreichbare Informationen benutzt. Im Gegensatz zu der Boten-Methode eignet sich die ABC-Methode nur für das Erinnern an einzelne Worte. Man spricht innerlich „A..." und lauscht dann, ob das Wort kommt. Wenn nichts geschieht, versucht man das mit „B...", dann mit „C..." usw. In den allermeisten Fällen „klingelt's" dann bei dem richtigen Anfangsbuchstaben und man kann dann meist schon durch das Durchprobieren der fünf Vokale als zweitem Buchstaben das gesuchte Wort wiederfinden.

- Bei einer **Traumreise** sendet man nicht nur einen Boten in das Archiv, sondern man geht selber in das Archiv, d.h. man öffnet die Tür zwischen „Büro" und „Archiv" und geht dann selber (also als Wachbewußtsein) in das eigene Traumbewusstsein. Dort kann man sich dann alle Informationen ansehen, die im eigenen Gedächtnis gespeichert sind. Der Weg zu den gewünschten Informationen ist recht einfach: Man wünscht sich zu ihnen oder benutzt ein passendes Symbole als „Tür" zu der betreffenden „Abteilung" des „Archivs".

Man kann ein recht differenziertes Vorgehen bei diesen Traumreisen entwickeln, das sie mit der Zeit immer effizienter werden lässt.

- Der **<u>Gedächtnis-Palast</u>** ist eine Struktur und Ordnung im „Archiv", die man selber erschaffen kann. Dabei stellt man sich sein Gedächtnis als ein Gebäude mit vielen sowohl thematisch als auch örtlich sinnvoll angeordneten Räumen vor, in denen die gesamten Erinnerungen und das gesamte erlernte Wissen gut geordnet untergebracht sind, sodass man mit einer Traumreise gezielt zu den erwünschten Informationen gehen kann.

Diese Methode eignet sich vor allem für die Aufbewahrung von konkreten Informationen wie Namen, Zahlen, Maßen, Landkarten und dergleichen mehr – die reine Traumreise wird meist eher für Erinnerungen, Gefühle und ähnliches verwendet. Der Gedächtnis-Palast ist eine spezielle Anwendung der Traumreise, bei der man weiß, wo in dem eigenen „Archiv" eine bestimmte Erinnerung im „Regal" liegt.

- Bei einer **<u>Vision</u>** sieht man einen Inhalt des Traumbewusstseins in dem äußeren Bild, das man mit den Augen wahrnimmt. Dabei kann man zwei Arten unterscheiden.

Bei der ersten Art sieht man etwas, das die Konsistenz dichter Dämpfe zu haben scheint, also nebelhaft und meistens nur leicht farbig angehaucht ist. Diese Art der Vision ist sehr leicht von der Wahrnehmung der Umwelt unterscheidbar und kann nicht mit einem realen Gegenstand oder einem konkreten Lebewesen verwechselt werden. Diese Visionen können auch nicht angefasst werden. In diese Kategorie gehören z.B. die Geister von Toten, die man zwar sehen, aber nicht anfassen kann („Gespenster").

Bei der zweiten Art sieht man etwas, das genauso solide wie ein Apfel oder ein Auto aussieht und das man auch anfassen kann. Hier ist die Unterscheidung von einem realen äußeren Gegenstand nur noch indirekt möglich. Wenn plötzlich ein Auto im Wohnzimmer steht, ist das vermutlich eine solche Art von Vision; ebenso, wenn sich eine Schlange plötzlich in einen Adler verwandelt; oder wenn etwas plötzlich auftaucht oder dann genauso plötzlich auch wieder verschwindet. Allerdings hat diese Art von Vision nicht immer solche Merkmale, anhand derer man sie erkennen kann. Daher sollte man diese Art von Visionen, bei der innere Bilder weitgehend ununterscheidbar von realen Gegenständen in die optische Wahrnehmung der eigenen Umwelt integriert werden, möglichst vermeiden.

Bei solchen Visionen wird der Nutzen der klaren Unterscheidung zwischen Erinnerungsbildern und aktuellen Wahrnehmungsbilder im „Archiv" sehr deutlich. Dies ist eine „Archiv-interne" Grenze.

- Bei einer **<u>Psychose</u>** hat sich die Grenze zwischen Wahrnehmungen und Erinnerungen nicht nur wie bei der Vision an einem Punkt aufgelöst, sondern großräumiger, wodurch ein Realitätsverlust entsteht, da der Betreffende die inneren und die äußeren Bilder nicht mehr klar unterscheiden kann.

- Durch Experimente lässt sich deutlich zeigen, dass **<u>Telepathie und Telekinese</u>** die Wahrnehmungen und die Handlungen des Traumbewusstseins (Unterbewusstseins) sind. Diese beiden Fähigkeiten sind nicht im Wachbewusstsein beheimatet und können daher auch nicht direkt von dort aus gesteuert werden. Stattdessen muss sich das Wachbewusstsein erst mit dem Traumbewusstsein verbinden, um den Zugriff auf diese beiden Fähigkeiten zu erhalten.

Als Ersatz für den direkten Zugang des Wachbewusstseins zum Traumbewusstsein werden manchmal auch Tarotkarten, Pendel u.ä. als „Monitor" für die Inhalte des Traumbewusstseins verwendet.

- Das wirkungsvolle **<u>Aussenden von Wünschen</u>**, das manchmal „Bestellungen beim Universum" oder auch ganz schlicht „Magie" genannt wird, hat eine große Ähnlichkeit mit dem Aussenden des Erinnerungsboten. Bei diesem Wünschen wird das Bild des erfüllten Wunsches deutlich imaginiert, also vorgestellt, und anschließend wie der Erinnerungs-Bote in Ruhe gelassen. Zu diesem Zweck lässt man diesen Wunsch in Ruhe, vergisst ihn, wünscht einfach „so nebenher" oder vertraut so sehr in die Erfüllung des Wunsches, dass man ihn aufgrund der vertrauensvollen Vorfreude auf seine Erfüllung nicht stört.

Während der Erinnerungs-Bote jedoch nur die Aufgabe hat, eine Information aus dem „Archiv" zu holen, sollen diese Wünsche die Telepathie und die Telekinese benutzen, um ein Ding oder Ereignis aus der Welt zu einem selber zu holen.

Dass so etwas möglich ist, kann man natürlich nicht durch Worte beweisen – dazu sind Versuche und eigene Erfahrungen notwendig.

- Bei der **<u>Bewusstseins-Übertragung</u>** wird wie bei der Telepathie, der Telekinese und dem Aussenden von Wünschen keine interne Grenze geöffnet bzw. aufgelöst, sondern die Grenze zum Außen hin.

Man stellt sich dabei innerlich vor, dass das eigene Bewusstsein den eigenen Leib verlässt und sich z.B. in einen verlorenen Gegenstand begibt. Dann schaut man, was rings um diesen Gegenstand ist – z.B. Stoff rings um den gesuchten Schlüssel – und schaut als nächstes, was rings um diesen Stoff ist – z.B. das Innere eines Kleiderschranks. Das genügt in der Regel, um den Ort zu erkennen, an dem sich der verlorene Gegenstand befindet.

Man kann auch mit dem eigenen Bewusstsein in einen anderen Menschen hineingehen und dann dort dessen Bilder, Gefühle, Gedanken, Gewohnheiten usw. erkennen und verändern.

Auch diese beiden Methoden können natürlich nur durch eigenen Erfahrungen als real vorhandene Möglichkeiten erlebt und erkannt werden.

- Bei der **Astralreise** verlässt man mit seinem Bewusstsein den eigenen Leib und geht an einen anderen Ort und kann dort dann alles so ähnlich wie auf einer Traumreise wahrnehmen.

Die vier Bewusstseins-Zustände sind nicht voneinander isoliert, sondern zwar voneinander abgegrenzt, aber auch durch Tore verbunden, an denen sich vielfältige Vorgänge abspielen.

---

3. Zusammenfassung

Bewusstsein ist die Innenseite der Materie – und Materie ist die Außenseite des Bewusstseins.

Es gibt vier verschiedene, deutlich unterscheidbare und voneinander abgegrenzte Zustände mit grundlegend verschiedenen Aufgaben im Bewusstsein, die jedoch auch durch Bewusstseins-Tore miteinander verbunden sind:

    1. Tiefschlaf („Haus", 3Hz, Herzchakra, Fundament),
    2. Träumen („Archiv", 6Hz, Sonnengeflecht und Halschakra, Erinnerung),
    3. Wachen („Büro", 12Hz, Hara und Drittes Auge, Urteilen),
    4. Ekstase („Spotlight-Lampe", 24Hz, Wurzelchakra und Scheitelchakra, Einsgerichtetheit).

4. Inhalte

Neben dem Bewusstsein selber und seinen vier Zuständen (Tiefschlaf, Traum, Wachen, Ekstase) sowie den Grenzen und Toren zwischen diesen vier Zuständen gibt es noch die Inhalte des Bewusstseins selber. Dies sind primär die Wahrnehmungen und sekundär ihre „Verarbeitungs-Produkte", also die Ansichten, die durch die Verknüpfung der Inhalte mithilfe von Assoziationen, Gedanken und Gefühle erschaffen werden.

Der Zugriff auf diese Bewusstseins-Inhalte, die sich zunächst einmal alle im „Archiv" des Traumbewusstseins befinden, geschieht durch die bewusste/gewollte Erinnerung oder durch die spontane Assoziation zu früheren Ereignissen, also durch die unbewusste/ungewollte Erinnerung.

Die Fähigkeit, sich an frühere Ereignisse zu erinnern und ihre Ähnlichkeit mit der aktuellen Situation zu erkennen, ist die Grundlage des Lernens und der bewussten Entscheidungen. Der Nachweis eines Gedächtnisses ist somit auch der Nachweis einer zumindest einfachen Form des Wachbewusstseins, in dem diese Erinnerungen verarbeitet, d.h. „bewusst" werden.

Die Art dieser Erinnerungen hängen natürlich von der Art der Sinneswahrnehmungen ab. Der Mensch als vorwiegend optisch orientiertes Lebewesen hat zu 80% optische, also bildhafte Erinnerungen. Das ist bei einem Hund mit seinem ausgeprägten Geruchssinn, einen Hasen mit seinem guten Gehör oder einer Fledermaus mit ihrem Echolot natürlich deutlich anders.

Menschen leben in einer Bilderwelt, Hunde in einer Geruchswelt, Hasen in einer Geräuschwelt und Fledermäuse in einer vermutlich etwas abstrakteren, farblosen räumlichen Welt.

Schließlich kann es auch noch Störungen dieser Bewusstseins-Inhalte und ihrer Organisation geben, wodurch dann Störungen der Psyche entstehen.

Bei einem Trauma ist diese Störung die Abkapselung eines heftigen Erlebnisses, wodurch dieses Erlebnis zum einen nicht mehr für das Wachbewusstsein zugänglich ist, aber zum anderen durchaus im Unterbewusstsein wirksam ist.

Ein Trauma entsteht in mehreren Stufen:

    - Man gerät in eine Situation von großer Gefahr, großem Schmerz, großer

Hilflosigkeit o.ä.

- Wenn man sich stark genug fühlt, wird man angreifen; wenn man sich zu schwach fühlt, wird man fliehen; und wenn sowohl Angriff als auch Flucht aussichtslos erscheinen, verlässt das Bewusstsein den Körper, d.h. man macht eine unfreiwillige/ungewollte Astralreise – was sich äußerlich oft als Ohnmacht zeigt, da nun kein Wachbewusstsein mehr im Körper ist. Dabei erlebt man sich als über der Szene schwebend („Dissoziation").

- Wenn man diese aussichtslose Situation, in der man ohnmächtig oder zumindest völlig apathisch geworden ist, überlebt, wird man sich schütteln, zittern, seltener auch schreien, lachen oder weinen, um das Adrenalin, das der Körper in der Stress-Situation ausgeschüttet hatte, wieder abzubauen.

- Wenn das geschieht, ist alles wieder o.k. Wenn man jedoch bei diesem Stressabbau-Zittern gestört wird oder sich das Stress-Ereignis mehrfach wiederholt, kann das Adrenalin nicht mehr abgebaut werden. Dann kreist das Adrenalin immer weiter in dem Erinnerungs-Bild an die Stress-Situation und es entsteht ein Trauma, also ein psychischer Krampf. Das ist in etwa so, als ob eine Konservendose mit dem Bild und dem Adrenalin aus der einen oder den mehreren Stress-Erlebnissen im Keller der eigenen Psyche auf einem Regal stehen und laut rappeln würde: Man weiß nicht mehr, was in dieser Konservendose drin ist, aber sie macht einen unruhig und stört das Wachbewusstsein und seine Entscheidungen.

Während man mit einem Trauma noch halbwegs normal weiterleben kann – zumindest mit den meistens Traumas – wird das bei einer Schizophrenie schon schwieriger, da bei dieser Erkrankung nicht nur eine einzelne Erinnerung oder eine Gruppe von Erinnerungen in dem „Archiv" abgekapselt wird, sondern die Gesamtheit der Erinnerungen in zwei oder mehr Teile auseinanderbricht und daher die Gesamtfunktion des Archivs gestört wird.

> Die Inhalte des „Archivs" sind normalerweise alle für das Wachbewusstsein – mit mehr oder weniger Mühe – zugänglich. Bei Störungen durch Traumas, eine Schizophrenie o.ä. ist dies jedoch nicht mehr der Fall.

Warum schläft man eigentlich? Diese Bewusstlosigkeit beim Schlafen ist doch in der freien Natur eine ausgesprochen lebensgefährliche Angelegenheit … Der Schlaf muss also einen Vorteil haben, der deutlich größer ist als dieser lebensgefährliche Nachteil.

Wer schläft? Und wie? Einfache Tiere bis hin zu den Fischen haben keinen Schlaf –

sie ruhen bestenfalls ab und zu. Diese Tiere reagieren rein instinkthaft auf ihre Umwelt, d.h. sie tragen in sich Verhaltensmuster, die bei einem bestimmten äußeren Reiz jedes Mal anwenden. Das ist eine recht schlichte Überlebenstaktik.

Ab den Amphibien lassen sich die ersten Ansätze zu Schlafphasen feststellen, die dann bei den Reptilien deutlicher werden und schließlich bei den Säugetieren und Vögeln voll ausgebildet sind. Diese Tiere haben ein komplexeres Gehirn, das neue Funktionen hat, die über die Reaktion mithilfe von Instinkt-Bildern hinausgehen. Sie sind lernfähig und haben daher ein Gedächtnis, da ohne Gedächtnis kein Lernen möglich ist.

Dieses Lernen führt jedoch dazu, dass sich ständig neue Erlebnisse ansammeln und sozusagen der Speicher nach und nach voll wird. Daher wird der Schlaf notwendig, in dem die Erlebnisse während der Traumphase in die innere Bilderwelt eingefügt werden und in der diese innere Bilderwelt während des Tiefschlafs wieder auf das Fundament der Psyche ausgerichtet wird. Das am Tag Erlebte wird „archiviert“.

Man kann den Schlaf daher auch als ein „Stimmen des Instruments“ (also des Bewusstseins ansehen) das sich durch die Benutzung während der Wachphase nach und nach verstimmt hat.

Die Erlebnisse sortieren sich nicht von selber in die innere Bilderwelt ein – dafür ist der Traum notwendig. Und die innere Bilderwelt ist auch nicht von selber immer auf das Fundament der Psyche eingestimmt – dafür ist der Tiefschlaf nötig.

In ähnlicher Weise ist nach jedem Ekstase-Erlebnis eine Entspannungsphase notwendig, um den positiven oder negativen Stress der Einsgerichtetheit wieder aufzulösen – das Zittern nach einer Lebensgefahr oder die Müdigkeit nach dem Sex.

> Der Traum ist notwendig, um die Erlebnisse in die innere Bilderwelt zu integrieren, und der Tiefschlaf ist notwendig, um die innere Bilderwelt wieder an dem Fundament der Psyche auszurichten.

Bewusstsein ist die Innenseite der Materie – und Materie ist die Außenseite des Bewusstseins.

Es gibt vier verschiedene, deutlich unterscheidbare und voneinander abgegrenzte Zustände mit grundlegend verschiedenen Aufgaben im Bewusstsein, die jedoch auch durch Bewusstseins-Tore miteinander verbunden sind:
1. Tiefschlaf („Haus", 3Hz, Herzchakra, Fundament),
2. Träumen („Archiv", 6Hz, Sonnengeflecht und Halschakra, Erinnerung),
3. Wachen („Büro", 12Hz, Hara und Drittes Auge, Urteilen),
4. Ekstase („Spotlight-Lampe", 24Hz, Wurzelchakra und Scheitelchakra, Einsgerichtetheit).

Nach einem Ekstase-Zustand ist eine Entspannungsphase notwendig (Zittern, Schlaf); nach einem Tag voller Erlebnissen ist die Integration der Erlebnisse durch das Träumen in die innere Bilderwelt und durch den Tiefschlaf in das Fundament der Psyche notwendig.

Der Zugang zu den Erinnerungen kann durch Traumas und psychische Krankheiten gestört werden.

5. Zentrum

♌

Die Inhalte des Traumbewusstseins (Unterbewusstsein) sind keine ungeordnete Lose-Blatt-Sammlung, sondern ein systematisch geordnetes Bildersystem.

Wirbellose Tiere und Fische haben feststehende **Reiz-Reaktions-Muster**. Die Verarbeitung besteht bei ihnen im Wesentlichen daher in dem Vergleich einer Wahrnehmung mit einem inneren Bilderkatalog. Das am besten zu der Wahrnehmung passende Bild gibt vor, wie das Tier auf die betreffende Wahrnehmung reagiert. Diese Stufe der Verarbeitung gibt es auch noch beim Menschen z.B. im Fluchtreflex, in der Sexualität, im Kinderschutz u.ä.

Die nächste Stufe der Verarbeitung hängt mit der allmählichen Entwicklung des Großhirns bei den Amphibien und anschließend bei den Reptilien zusammen und entfaltet sich dann vollständig bei den Säugetieren und Vögeln. Die Reize werden nun nicht mehr nur mit einem angeborenen Bilder-Katalog verglichen, sondern auch noch mit den Erinnerungen. Diese **Erinnerungsfähigkeit**, die bei den niederen Tieren noch fehlt, ermöglicht das individuelle **Lernen**.

Hier werden die äußeren Reize nicht nur mit den ererbten Instinkt-Mustern verglichen, sondern auch noch mit den persönlichen Erinnerungen. Dadurch ist es möglich, verschiedene Reaktionsweisen auszuprobieren und dann bei der Variante, die die besten Ergebnisse gebracht hat, zu bleiben. Durch die Erinnerungsfähigkeit und das sich daraus ergebende Lernen wird eine individuelle Evolution möglich.

Dies ist auch die höchste Form der „Datenverarbeitung" des Menschen während der Altsteinzeit.

In der Jungsteinzeit kommen die **Analogien** hinzu, d.h. der Vergleich. Es werden nun nicht mehr nur einzelne Reize mit einzelnen Reaktionsweisen verglichen, sondern bestimmte Arten von Reizen mit bestimmten Reaktionsweisen – was in einem Fall gelernt wird, wird auf alle anderen gleichartigen Fälle übertragen. Das ist das, was man heute meistens als Vorurteil ansehen würde: alle Uhrmacher sind geschickt, alle Schmiede sind stark, alle Hebammen sind fürsorglich usw.

Diese Form der verallgemeinernden Datenverarbeitung ermöglicht die Orientierung in einem Umfeld, in dem so viele Menschen leben, dass man sie nicht mehr alle einzeln gut kennen kann, und in der die Tätigkeiten so vielfältig geworden sind, dass man sie nicht mehr alle erlernen kann.

Im Königtum kommt die Herleitung von einem **Grundprinzip** hinzu. Das kann der Wille des Königs, der Wille des monotheistischen Gottes oder eine Grundannahme in der Philosophie sein – aber auch das Formular und das Kategorisieren. Diese Form der Datenverarbeitung ermöglichte eine sehr große Anzahl von Menschen und Dingen auf eine formale Weise zu erfassen und aufgrund dieses Wissens dann sinnvolle Entscheidungen zu treffen. Das ist das Prinzip der Verwaltung.

Im Materialismus wir alles **analytisch** mit Zahl und Maß beschrieben und mithilfe von Kausal-Zusammenhängen dargestellt, die dann für die Technik und die Industrie genutzt werden. Auf diese Weise entsteht eine große Sachkenntnis.

Die Datenverarbeitung mithilfe der **Synthese**, also dem Erfassen und Bewerten komplexer Zusammenhänge, die der Epoche der Globalisierung entspricht, steckt noch sehr in den Anfängen.

Das Bewusstsein hat bis heute beim Menschen sechs aufeinander aufbauende Schichten: Instinkte, Assoziationen, Analogien, Prinzipien, Analyse und Synthese.

Diese auf sechs verschiedene Weisen verarbeiteten Bewusstseins-Inhalte sind nicht amorph, also gleichförmig, sondern enthalten zentrale Bilder:

- Instinkte: Mutter, Sex, Großraubtier, Jagdbeute u.a.

- Analogien: Mutter, Korngott und Wildnisgott, Richtigkeit, Jahreskreis, Clan-Gottheit, Seele, Seelenvogel, Götter. Lebenskraft u.a.

- Assoziationen: Mutter, Sex, Großraubtier, Jagdbeute, Krafttier, Lebenskraft u.a.

- Analogien: Mutter, Korngott und Wildnisgott, Richtigkeit, Jahreskreis, Clan-Gottheit, Seele, Seelenvogel, Götter. Lebenskraft u.a.

- Prinzipien: König, Gott, Wahrheit, Seele, Hierarchie, Gesetze u.a.

- Analyse: Mutter, Vater, Geld, Atome, chemische Elemente, Regierung u.a.

- Synthese: Mutter, Gaia, Seele, Clan-Gottheit, Gottheit, Einheit/Gott, Krafttier, Kraftpflanze, Kraftstein u.a.

Neben diesen allgemeinen wichtigen Bildern gibt es auch immer ein Selbstbild, das zugleich die eigene Mitte ist. Diese Mitte wird meistens als „Seele" bezeichnet:

- In der Altsteinzeit war sie der eigene Astralkörper, den man bei einem Nahtod erleben kann;

- in der Jungsteinzeit war dieser Seelenvogel das Kind der eigenen Clan-Gottheit;

- im Monotheismus/Königtum war sie ein Funke des Feuers des Einen Gottes;

- im Materialismus wurde sie auf die funktionierende Selbstorganisation reduziert;

- und in der heutigen Epoche der Globalisierung hat sich noch keine neues Seelen-Bild entwickelt, aber es wird vermutlich eine Synthese aller vorigen Seelen-Bilder sein.

Die Grundlage all dieser Bilder ist, dass das eigene Wachbewusstsein zunächst einmal immer als die eigene Mitte empfunden wird, weil es eben nur dieses Wachbewusstsein ist, das sich die Frage „Wer bin ich?" stellen kann. Wenn man diese Frage jedoch tiefer und gründlicher erforscht, gelangt man auf Traumreisen, in Meditationen u.ä. zu dem Erlebnis einer inneren Gestalt, die die eigene Essenz ist. Wenn man sich ganz auf diese Gestalt einlässt und sich innerlich mit ihr vereint, gelangt man zu dem Erlebnis, das man auch hat, wenn man „in die Stille geht", also bewusst den Tiefschlaf-Zustand erreicht. Dieser Zustand entspricht dem eigenen Herzchakra, also dem zentralen Chakra, das auch als „Tempel der Seele" umschrieben wird.

Das legt nahe, dass dieser Tiefschlafzustand die eigene Seele ist, das eigene Fundament, der letztliche Bezugspunkt für die eigene Identität.

Der Tiefschlaf-Zustand, der mit dem eigenen Herzchakra verbunden ist, ist das direkte Erleben der eigenen Mitte. Diese Mitte kann man auch bildhaft als die eigene Seele erleben.

<u>**5. Zusammenfassung**</u>

Bewusstsein ist die Innenseite der Materie – und Materie ist die Außenseite des Bewusstseins.

Es gibt vier verschiedene, deutlich unterscheidbare und voneinander abgegrenzte Zustände mit grundlegend verschiedenen Aufgaben im Bewusstsein, die jedoch auch durch Bewusstseins-Tore miteinander verbunden sind:
1. Tiefschlaf („Haus", 3Hz, Herzchakra, Fundament – die eigene Mitte, Seele),
2. Träumen („Archiv", 6Hz, Sonnengeflecht und Halschakra, Erinnerung – Instinkte und Assoziation),
3. Wachen („Büro", 12Hz, Hara und Drittes Auge, Urteilen – Analogien, Prinzipien, Analyse und Synthese),
4. Ekstase („Spotlight-Lampe", 24Hz, Wurzelchakra und Scheitelchakra, Einsgerichtetheit).

Nach einem Ekstase-Zustand ist eine Entspannungsphase notwendig (Zittern, Schlaf); nach einem Tag voller Erlebnissen ist die Integration der Erlebnisse durch das Träumen in die innere Bilderwelt und durch den Tiefschlaf in das Fundament der Psyche notwendig.
Der Zugang zu den Erinnerungen kann durch Traumas und psychische Krankheiten gestört werden.

6. Funktionen

♍

Das Bewusstsein erscheint zunächst einmal nur als der „Kapitän" des eigenen Leibes – das Bewusstsein sitzt im eigenen Körper und steuert ihn. Die eigentlichen Bewegungen und Veränderungen werden jedoch durch den Leib ausgeführt – das Bewusstsein bestimmt nur, welche Bewegungen das sind.

Bei einer genaueren Betrachtung wird jedoch deutlich, dass dieses Bild vom Bewusstsein als „Kapitän" und dem Leib als „Schiff" nicht so ganz zutreffend ist.

Zum einen gibt es viel Vorgänge, die überhaupt nicht bewusst gesteuert werden, sondern unbewusst. Dazu zählen der Herzschlag, die Verdauung, die Heilung einer Wunde, aber auch solche Dinge wie Sprechen oder Gehen. Das Wachbewusstsein beschließt zwar zu sprechen oder zu gehen, aber der Vorgang selber läuft unbewusst ab. Das zeigt, wie viele unbewusste Steuerungsvorgänge es im Bewusstsein gibt. Alles, was immer gleich abläuft – sei es die Verdauung oder das Bewegen der Beine beim Laufen oder das Bewegen der Zunge beim Sprechen – wird in das Unterbewusstsein ausgelagert, da es nicht mehr notwendig ist, bei diesen Vorgängen bewusst zu lenken. Der weitaus größte Teil aller Verarbeitungs- und Steuerungsprozesse läuft unbewusst ab – das Wachbewusstsein kümmert sich nur um die „kreativen Vorgänge" und um alles, wofür es im Unterbewusstsein noch keine gut funktionierende Handlungsschablone gibt.

Das Unterbewusstsein ist also keineswegs eine große Schüssel voller meistens inaktiven Bildern, sondern vielmehr eine ständig aktive „Abteilung", die alles vom Herzschlag, der Atmung und der Verdauung über die Sortierung der Wahrnehmungen in „wichtig" und „unwichtig" bis hin zu der Verarbeitung des Erlebten in den Träumen regelt. Der weitaus größte Teil der Steuerungsvorgänge im Menschen läuft also unbewusst ab.

Das Wachbewusstsein, das man im allgemeinen für das „Ich" hält, ist nur für einen sehr kleinen – aber durchaus wichtigen – Teil der Steuerungsprozesse des eigenen Leibes zuständig. Wenn man sich dies einmal wirklich richtig deutlich macht, kann man ins Staunen geraten und recht bescheiden werden.

Das Traumbewusstsein/Unterbewusstsein ist also deutlich mehr als nur ein Archiv, auch wenn es aus der Sicht dessen, was das Wachbewusstsein normalerweise von ihm mitbekommt, vor allem ein Archiv für die eigenen Erinnerungen und das eigene Wissen ist. Es ist aber auch so etwas wie ein „Maschinenraum", in dem alle möglichen Vorgänge gesteuert und gelenkt werden.

Das Unterbewusstsein, zu dem man durch Träume und Traumreisen Zugang hat, ist nicht nur ein Archiv, sondern auch ein Maschinenraum, in dem eine riesige Anzahl von unbewusst bleibenden körperlichen Vorgängen gesteuert wird.

Der andere der beiden Vorgänge, die zeigen, dass das Bild von dem „Kapitän" des Wachbewusstseins in dem „Schiff" des Leibes nicht so ganz stimmt, stammt aus einem ganz anderen Zusammenhang.

Das normale Bild, das die meisten von ihrem Bewusstsein haben, ist das Bild eines Bestimmers, der dem eigenen Leib sagt, was er tun soll – und der auch nur durch den Leib handeln kann. Das ist jedoch ein Irrtum.

Es ist bereits am Anfang dieses Buches gesagt worden, dass die beste Beschreibung für das Verhältnis zwischen Bewusstsein und Leib die Auffassung ist, dass das Bewusstsein die Innenseite und die Materie die Außenseite derselben Sache ist. Dies ist auch die einfachste Erklärung dafür, dass der Leib überhaupt ein Bewusstsein hat und dass das Bewusstsein den Leib lenken kann.

Wenn nun weiterhin das Bewusstsein Grenzen hat, aber diese Grenzen sowohl intern – also z.B. zwischen Wachbewusstsein und Traumbewusstsein – als auch extern – also z.B. zu einem verlorenen Haustürschlüssel hin, den man mithilfe von Telepathie wiederfinden kann – geöffnet werden können, ergibt sich das interessante Bild, dass das Bewusstsein sich selber auf andere Dinge und Menschen hin ausdehnen kann. Das Bewusstsein kann also gewissermaßen seinen eigenen Leib erweitern – was zugegebenermaßen zunächst einmal recht exotisch klingt. Da es jedoch möglich ist, auf diese Weise – wie bereits beschrieben – einen verlorenen Haustürschlüssel wiederzufinden oder sich den Leib eines anderen Menschen von innen her anzusehen, muss es diese Möglichkeit geben.

Da das Bewusstsein den zu ihm gehörenden Leib lenken kann, sollte es auch Effekte geben – wenn sich das Bewusstsein tatsächlich über den eigenen Leib hinaus ausdehnen kann – bei denen das eigene Bewusstsein einen fremden Körper oder Gegenstand bewegt. Die beiden bekanntesten Beispiele für diese Art von Vorgang sind die Hypnose und die Telekinese.

Dadurch ergibt sich ein neues Verständnis des Bewusstseins: Das Bewusstsein gehört zwar zunächst zu dem eigenen Leib, aber es kann sich auf andere Leiber und andere

Gegenstände ausdehnen und diese dann sowohl direkt, d.h. wie den eigenen Leib von innen her wahrnehmen (Telepathie) als auch wie den eigenen Leib bewegen (Hypnose/Telekinese). Diese Beschreibung entspricht auch dem Erlebnis bei der Hypnose und bei der Telekinese: Man bewegt den Leib des Hypnotisierten bzw. den Gegenstand so, als ob er ein Teil des eigenen Leibes wäre.

Auf dieser Möglichkeit beruhen auch Geistheilungen, Schamanismus, Magie u.ä. sowie wahrscheinlich zum Teil auch manche Massenphänomene wie die Beeinflussung durch Reden von Demagogen.

In fortgeschrittenen Meditationen kann man sein Bewusstsein noch deutlich weiter ausdehnen, sodass eine Art „Landschafts-Bewusstsein" entsteht, in dem man seine ganze Umgebung direkt, also ohne Augen/Ohren von innen her wahrnehmen kann.

Man kann diese Ausdehnung des Bewusstseins als Entsprechung zu dem Kontakt der Materie zu anderer Materie auffassen. Wenn das Bewusstsein und die Materie nur zwei Seiten derselben Sache sind, sollten sich die Möglichkeiten, die die Materie hat, ja auch beim Bewusstsein wiederfinden – also z.B. die Kontaktaufnahme der Materie zu anderer Materie und die Beeinflussung dieser anderen Materie.

Das Bewusstsein kann sich auf andere Lebewesen und Dinge ausdehnen und sie dann wie den eigenen Körper von innen her wahrnehmen und sie auch wie den eigenen Körper bewegen.

<u>**6. Zusammenfassung**</u>

Bewusstsein ist die Innenseite der Materie – und Materie ist die Außenseite des Bewusstseins.

Es gibt vier verschiedene, deutlich unterscheidbare und voneinander abgegrenzte Zustände mit grundlegend verschiedenen Aufgaben im Bewusstsein, die jedoch auch durch Bewusstseins-Tore miteinander verbunden sind:

1. Tiefschlaf („Haus", 3Hz, Herzchakra, Fundament – die eigene Mitte, Seele),
2. Träumen („Archiv", 6Hz, Sonnengeflecht und Halschakra, Erinnerung – Instinkte und Assoziation; Steuerung des Leibes),
3. Wachen („Büro", 12Hz, Hara und Drittes Auge, Urteilen – Analogien, Prinzipien, Analyse und Synthese),
4. Ekstase („Spotlight-Lampe", 24Hz, Wurzelchakra und Scheitelchakra, Einsgerichtetheit).

Nach einem Ekstase-Zustand ist eine Entspannungsphase notwendig (Zittern, Schlaf); nach einem Tag voller Erlebnissen ist die Integration der Erlebnisse durch das Träumen in die innere Bilderwelt und durch den Tiefschlaf in das Fundament der Psyche notwendig. Der Zugang zu den Erinnerungen kann durch Traumas und psychische Krankheiten gestört werden.

Das Bewusstsein kann sich auf andere Lebewesen und Dinge ausdehnen und sie dann wie den eigenen Leib von innen her wahrnehmen und bewegen (Telepathie/ Telekinese).

7. Verbindungen

♎

Im Bewusstsein werden viele Vorgänge nach dem Ursache/Wirkung-Prinzip, also aus dem Blickwinkel der Kausalität heraus verarbeitet – das gilt zumindest für die meisten Vorgänge im Wachbewusstsein.

Es gibt jedoch auch das Verarbeitungs-Prinzip des Vergleichs und des Analogie-Schlusses, das vor allem im Unterbewusstsein verwendet wird: Dinge werden so ähnlich entschieden wie sie in früheren ähnlichen Situationen entschieden worden sind. Darauf beruht unter anderem auch der aus der Psychologie gut bekannte „Wiederholungszwang".

Doch diese Analogien sind mehr als nur ein Verarbeitungsprinzip. Die Astrologie zeigt durch die Geburtshoroskope, dass die Menschen in ein bestimmtes Muster geprägt und eingebunden sind, das durch die Analogie des Charakters des Menschen zu dem Stand der Planeten zum Zeitpunkt seiner Geburt deutlich wird.

Das bedeutet, dass das Bewusstsein nicht nur von Kausal-Abläufen wie den Reiz/Reaktion-Mustern oder durch „Nachdenken – Erkenntnis – Entscheidung" bestimmt ist, sondern auch durch eine grundlegende Prägung, die den allgemeinen Stil der Prozesse im Bewusstsein bestimmt.

Diese Prägung hat auch eine ausgesprochene nützliche Auswirkung: Sie lässt die Selbstähnlichkeit entstehen. Diese Selbstähnlichkeit führt nicht nur dazu, dass man anhand des Zustandes eines Teiles auf den Zustand des Ganzen schließen kann (Handlinien, Fußreflexzonen, Irisdiagose, Ohrdiagnose usw.), sondern auch, dass alle Teile des Ganzen nach demselben Stil aufgebaut sind und nach demselben Prinzip funktionieren. Man kann davon ausgehen, dass ein System, in dem alle Teile demselben Grundmuster folgen, deutlich effektiver ist, als wenn alle seine Teile verschiedenen Prinzipien folgen würden. Man kann beinahe sagen, dass nur ein System, dessen Teile alle durch die Selbstähnlichkeit geprägt sind, gut funktionieren kann.

Es ist allerdings schwierig, sich diese Stil-Einheit, die sich in der Selbstähnlichkeit zeigt, anschaulich vorzustellen. Man könnte diese Einheitlichkeit mit einer Tonart vergleichen, die von allen Teilen benutzt wird, oder mit derselben Art von Farbe (Ölfarbe oder Aquarell oder Gouache), die in dem ganzen Bild verwendet wird.

Vermutlich führt diese Selbstähnlichkeit aller Teile miteinander auch zu einer deutlich einfacheren Koordination und Kooperation aller Teile miteinander. Da sich Analogien auch als Wirkungsansatz verwenden lassen – wie z.B. in der Homöopathie, in der Gleiches Gleiches heilt – kann man davon ausgehen, dass diese Selbstähnlichkeit auch ein aktives Koordinationsprinzip ist, das die Einheit des gesamten Bewusstseins fördert oder möglicherweise sogar erst herstellt.

Doch das ist ein noch weitgehend unerforschter Bereich.

> Das Bewusstsein ist sowohl durch die Kausalität als auch durch die Analogie geprägt, die u.a. zu der Selbstähnlichkeit aller Teile eines organischen Ganzen führt.

In der Meditation werden die Tore zwischen verschiedenen Arten des Bewusstseins für die Zeitspanne der Meditation und evtl. auch noch darüber hinaus weit geöffnet. Die drei wichtigsten und auch schlichtesten Formen dieser „Bewusstseins-Zustände mit geöffneter Tür" sind:

- Wachbewusstsein + Traumbewusstsein = Traumreise
- Wachbewusstsein + Tiefschlaf = innere Stille
- Wachbewusstsein + Einsgerichtetheit = Erwachen der Kundalini

Diese Formen der Meditation lassen sich auch technisch erklären: Der Tiefschlaf hat eine EEG-Frequenz von 3Hz, das Träumen hat 6Hz, das Wachen 12Hz und die Ekstase 24Hz. Das ist jedes Mal eine doppelt so hohe Frequenz wie vorher. Das Träumen ist also von seiner Frequenz her die höhere Oktave des Tiefschlafs, das Wachen die höhere Oktave des Träumens und die Ekstase die höhere Oktave des Wachens.

Musikalisch beschrieben ist der Tiefschlaf z.B. ein E', das Träumen wäre dann ein E, das Wachen ein e und die Ekstase ein e'. Diese vier Töne bilden einen vollkommenen Einklang (Oktaven), wenn man sie zusammen spielt, da immer genau zwei Wellen des höheren Tons in eine Welle des niedrigeren Tons passen.

Das Meditieren ist also so etwas wie ein Einstimmen von zwei Arten des Bewusstseins aufeinander. Dadurch wird ein Einklang zwischen ihnen, eine vorübergehende Synthese von ihnen geschaffen, die dann den veränderten Bewusstseins-Zustand in der Meditation ergibt.

Bei der Meditation werden die Frequenzren und Rhythmen des verschiedenen Bewusstseinsarten miteinander koordiniert. Das lässt sich auf einfache Weise graphisch darstellen:

Koordination der Bewußtseinsrhythmen												
	unkoordinierte Wellen/Rhythmus (Normalbewußtsein)											
Tiefschlaf												
Traumbewußtsein												
Wachbewußtsein												
Ekstase												

	koordinierte Wellen/Rhythmus (Meditation)											
Tiefschlaf												
Traumbewußtsein												
Wachbewußtsein												
Ekstase												

In diesen veränderten Bewusstseins-Zuständen hat man sowohl andere Wahrnehmungs- und Erlebnismöglichkeiten als auch andere Handlungsmöglichkeiten:

- Auf der Traumreise kann man z.B. „innen" die Inhalte der eigenen Psyche und den Zustand seines Körpers erforschen, aber auch „außen" einen verlorenen Haustürschlüssel wiederfinden.

- Im Zustand der inneren Stille kann man seine eigene Identität auf ganz direkte Weise spüren und erleben, und durch diesen Kontakt auch sich selber heilen.

- Durch das Erwecken der Kundalini, also des Lebenskraftflusses im eigenen Körper, kann man die eigene Lebenskraft und die sieben Chakren spüren, und auch den eigenen Körper auf grundlegende Weise heilen.

Das Meditieren – also der fortgeschrittene Umgang mit dem eigenen Bewusstsein – hat also ganz konkrete Eigenschaften, Erlebnisse und Möglichkeiten.

> Das Meditieren ist die Koordination des Wachbewusstseins mit dem Träumen, dem Tiefschlaf oder der Ekstase, wodurch neue Erlebnisse und Handlungsmöglichkeiten entstehen.

Bewusstsein ist die Innenseite der Materie – und Materie ist die Außenseite des Bewusstseins.

Es gibt vier verschiedene, deutlich unterscheidbare und voneinander abgegrenzte Zustände mit grundlegend verschiedenen Aufgaben im Bewusstsein, die jedoch auch durch Bewusstseins-Tore miteinander verbunden sind:
1. Tiefschlaf („Haus", 3Hz, Herzchakra, Fundament – die eigene Mitte, Seele),
2. Träumen („Archiv", 6Hz, Sonnengeflecht und Halschakra, Erinnerung – Instinkte und Assoziation; Steuerung des Leibes),
3. Wachen („Büro", 12Hz, Hara und Drittes Auge, Urteilen – Analogien, Prinzipien, Analyse und Synthese),
4. Ekstase („Spotlight-Lampe", 24Hz, Wurzelchakra und Scheitelchakra, Einsgerichtetheit).

Nach einem Ekstase-Zustand ist eine Entspannungsphase notwendig (Zittern, Schlaf); nach einem Tag voller Erlebnissen ist die Integration der Erlebnisse durch das Träumen in die innere Bilderwelt und durch den Tiefschlaf in das Fundament der Psyche notwendig. Der Zugang zu den Erinnerungen kann durch Traumas und psychische Krankheiten gestört werden.

Das Meditieren ist die Koordination des Wachbewusstseins mit dem Träumen, dem Tiefschlaf oder der Ekstase, wodurch neue Erlebnisse und Handlungsmöglichkeiten entstehen.
Das Bewusstsein kann sich auf andere Lebewesen und Dinge ausdehnen und sie dann wie den eigenen Leib von innen her wahrnehmen und bewegen (Telepathie/ Telekinese).
Das Bewusstsein wird sowohl durch die Kausalität als auch durch Analogien geprägt.

8. Einsgerichtetheit

♏

Der Bewusstseins-Zustand der Ekstase, der für gewöhnlich angesichts von Lust, Gefahr, Ekel, Schmerz und ähnlichen heftigen Gefühlen und Erlebnissen auftritt, sorgt für die Bündelung der gesamten Aufmerksamkeit – also für die Bündelung des gesamten Bewusstseins – auf eine einzige Sache. Dadurch kann diese Sache möglichst schnell erfasst, die eigenen Möglichkeiten geklärt und eine Entscheidung getroffen werden.

Doch diese Ekstase lässt sich auch durch Konzentration oder durch Meditation erreichen. Diese beiden Methoden sind jedoch recht verschieden. Während bei der Konzentration oft Zwang, Disziplin, Lust, Ekel, Gefahr, Schmerz oder ähnliches als Hilfsmittel benutzt werden, um diese Einsgerichtetheit der Ekstase zu erreichen, benutzt die Meditation das Still-Werden als Methode. Die genannten Konzentrations-Methoden sind im Wesentlichen Anspannungs-Verfahren, die Meditation ist hingegen im Wesentlichen ein Entspannungs-Verfahren.

Den große Nutzen der Einsgerichtetheit des Bewusstseins kann man einem Laser-strahl vergleichen: Eine normale Glühbirne oder Neonröhre erschafft Licht von verschiedenen Wellenlängen, das sie gleichmäßig nach allen Seiten hin verteilt. Ein Laserstrahl hat hingegen eine einheitliche Wellenlänge und richtet sein Licht in einem dünnen Strahl nach einer einzigen Richtung hin aus. Dadurch hat der Laserstrahl eine weitaus größere Kraft und Wirkung als eine Glühbirne oder eine Neonröhre.

Dasselbe geschieht auch, wenn man das „Glühbirnen-Licht" des Wachbewusstseins zu dem „Laserstrahl-Licht" der Ekstase bündelt. Dieses einsgerichtete Ekstase-Bewusstsein hat eine deutlich größere Wirkung als das diffus ausgerichtete „Glühbirnen-Licht" des normalen Wachbewusstseins. Daher wird immer dann, wenn eine direkte Wirkungen des Bewusstseins auf die materielle Welt angestrebt wird wie bei der Telekinese, dem erfolgreichen Wünschen, in der Magie, bei dem Bewirken von Wundern usw. zuerst die Einsgerichtetheit des Bewusstseins, also der Ekstase-Zustand hergestellt.

Eine gut bekannte Möglichkeit, diesen Zustand jederzeit ohne Mühe zur Verfügung zu haben, ist das vollkommene Vertrauen in eine Gottheit – das Gottvertrauen. Das ist das Verfahren, das z.B. Christus angewendet und mit dem Satz „Der Glaube kann Berge versetzen." beschrieben hat.

Dies ist auch eine Form der Entspannung – man ruht in der betreffenden Gottheit. In der Regel ist dies entweder der Eine-Alles-Einzige Gott oder die eigene Clan-Gottheit, also die Gottheit, von deren „Meer" die eigene Seele ein „Tropfen" ist.

Doch die Clan-Gottheit und ihr Verhältnis zu der eigenen Seele ist das Thema eines späteren Kapitels dieses Buches.

Durch die Einsgerichtetheit des Bewusstseins (Ekstase) lassen sich auch im Außen direkte Wirkungen durch das Bewusstsein erzeugen.

8. Zusammenfassung

Bewusstsein ist die Innenseite der Materie – und Materie ist die Außenseite des Bewusstseins.

Es gibt vier verschiedene, deutlich unterscheidbare und voneinander abgegrenzte Zustände mit grundlegend verschiedenen Aufgaben im Bewusstsein, die jedoch auch durch Bewusstseins-Tore miteinander verbunden sind:
1. Tiefschlaf („Haus", 3Hz, Herzchakra, Fundament – die eigene Mitte, Seele),
2. Träumen („Archiv", 6Hz, Sonnengeflecht und Halschakra, Erinnerung – Instinkte und Assoziation; Steuerung des Leibes),
3. Wachen („Büro", 12Hz, Hara und Drittes Auge, Urteilen – Analogien, Prinzipien, Analyse und Synthese),
4. Ekstase („Spotlight-Lampe", 24Hz, Wurzelchakra und Scheitelchakra, Einsgerichtetheit – direkte Wirkungen des Bewusstseins im Außen: Geistheilungen, Magie, Wunder).

Nach einem Ekstase-Zustand ist eine Entspannungsphase notwendig (Zittern, Schlaf); nach einem Tag voller Erlebnissen ist die Integration der Erlebnisse durch das Träumen in die innere Bilderwelt und durch den Tiefschlaf in das Fundament der Psyche notwendig. Der Zugang zu den Erinnerungen kann durch Traumas und psychische Krankheiten gestört werden.

Das Meditieren ist die Koordination des Wachbewusstseins mit dem Träumen, dem Tiefschlaf oder der Ekstase, wodurch neue Erlebnisse und Handlungsmöglichkeiten entstehen.
Das Bewusstsein kann sich auf andere Lebewesen und Dinge ausdehnen und sie dann wie den eigenen Leib von innen her wahrnehmen und bewegen (Telepathie/ Telekinese).
Das Bewusstsein wird sowohl durch die Kausalität als auch durch Analogien geprägt.

9. Ausrichtungen

Das Bewusstsein braucht wie jedes komplexe System eine Grundausrichtung, einen Masterplan, eine grundlegende Motivation. Was kann das beim Bewusstsein sein?

Zunächst einmal gibt es das ganz allgemeine Prinzip der Selbsterhaltung – also die Vermeidung des eigenen Todes. Alles, was diese „Programmierung" nicht in ausreichendem Maße besitzt, wird sterben und ist somit raus aus dem Spiel dieser Welt. Das gilt für ein einzelnes Molekül genauso wie für einen Menschen oder für einen Staat.

Als zweites Prinzip gibt es die Erhaltung der eigenen Art – also den Sex und zum Teil auch noch der Schutz der Nachkommen. Ohne dieses Prinzip geht die eigene Art verloren und ist ebenfalls raus aus dem Spiel.

Es muss also auch im Bewusstsein dieses Prinzip der Selbsterhaltung, also den individuellen Egoismus (Tod-Vermeidung) und den kollektiven Egoismus (Sex-Anstreben) geben. Wenn man es genau betrachtet, ist dieser Egoismus jedoch keine Eigenschaft des Bewusstseins, sondern ein Bild, ein „Programm" in diesem Bewusstsein. Bei genauerer Betrachtung gibt es auch in der Materie kein Egoismus-Prinzip, sondern nur in den Formen, die die Materie ausbildet.

Sowohl die Formen der Materie als auch die Bilder im Bewusstsein enthalten somit den Egoismus als Formprinzip. Das war auch nicht anders zu erwarten, da die Materie die Außenseite und das Bewusstsein die Innenseite derselben Sache ist. Beide sollten daher auch dieselben Grundprinzipien enthalten.

> Sowohl die Materie als auch das Bewusstsein enthalten als grundlegende Formen die individuelle und die kollektive Selbsterhaltung.

Wenn man die individuelle und die kollektive Selbsterhaltung als die Grundform nimmt, von der die Materie und das Bewusstsein geprägt sind, dann gibt es auch noch eine Grundfarbe, von der sie geprägt sind. Im Gegensatz zu der allgemeingültigen „Form" ist diese „Farbe" jedoch vollkommen individuell: Sie lässt sich anhand des Horoskops der betreffenden Person, des Tieres, des Unternehmens usw. erkennen.

Diese „Farbe" ist die Art und Weise, in der der Betreffende seine allgemeingültige Form der Selbsterhaltung lebt. Dies kann man am besten als „Selbstausdruck" umschreiben. Der grundlegende Drang eines jeden Menschen ist es, nicht nur zu überleben, sondern auch, auf die eigene Weise zu leben. Das Bewusstsein ist also von zwei Elementen geprägt: von dem bei allen gleichen Egoismus und von dem bei jedem anderen Stil.

Dieser Selbstausdruck, dem der Egoismus die Kraft gibt und dem der Stil die Vorgehensweise gibt, ist das, was im allgemeinen als der „Sinn des Lebens" empfunden wird.

Jeder hat seinen persönlichen, durch das Geburtshoroskop beschreibbaren Stil.

9. Zusammenfassung

Bewusstsein ist die Innenseite der Materie – und Materie ist die Außenseite des Bewusstseins.

Der individuelle Egoismus (Tod-Vermeidung) und der kollektive Egoismus (Sex-Anstreben) bilden zusammen mit dem durch das Horoskop beschriebenen Stil den Selbstausdrucks-Drang der Menschen und daher auch die Grundausrichtung des Leibes und des Bewusstseins.

Es gibt vier verschiedene, deutlich unterscheidbare und voneinander abgegrenzte Zustände mit grundlegend verschiedenen Aufgaben im Bewusstsein, die jedoch auch durch Bewusstseins-Tore miteinander verbunden sind:
1. Tiefschlaf („Haus", 3Hz, Herzchakra, Fundament – die eigene Mitte, Seele),
2. Träumen („Archiv", 6Hz, Sonnengeflecht und Halschakra, Erinnerung – Instinkte und Assoziation; Steuerung des Leibes),
3. Wachen („Büro", 12Hz, Hara und Drittes Auge, Urteilen – Analogien, Prinzipien, Analyse und Synthese),
4. Ekstase („Spotlight-Lampe", 24Hz, Wurzelchakra und Scheitelchakra, Einsgerichtetheit – direkte Wirkungen des Bewusstseins im Außen: Geistheilungen, Magie, Wunder).

Nach einem Ekstase-Zustand ist eine Entspannungsphase notwendig (Zittern, Schlaf); nach einem Tag voller Erlebnissen ist die Integration der Erlebnisse durch das Träumen in die innere Bilderwelt und durch den Tiefschlaf in das Fundament der Psyche notwendig. Der Zugang zu den Erinnerungen kann durch Traumas und psychische Krankheiten gestört werden.

Das Meditieren ist die Koordination des Wachbewusstseins mit dem Träumen, dem Tiefschlaf oder der Ekstase, wodurch neue Erlebnisse und Handlungsmöglichkeiten entstehen.

Das Bewusstsein kann sich auf andere Lebewesen und Dinge ausdehnen und sie dann wie den eigenen Leib von innen her wahrnehmen und bewegen (Telepathie/Telekinese).

Das Bewusstsein wird sowohl durch die Kausalität als auch durch Analogien geprägt.

10. Zeit

VᶾS

Das Bewusstsein hat die Möglichkeit, auch Dinge auf direkte Weise wahrzunehmen, die außerhalb der Reichweite der eigenen physischen Sinne liegen, und Dinge ohne die Zuhilfenahme seines Leibes zu bewegen: Telepathie und Telekinese.

Doch das Bewusstsein kann seine Reichweite nicht nur räumlich ausdehnen, sondern auch zeitlich. Es hat zu allen Zeiten Seher und Seherinnen gegeben, die diese Fähigkeit besonders weit entwickelt hatten. Eine der bekannteren Seherinnen ist Buchela gewesen, bei der sich Konrad Adenauer, der erste Bundeskanzler, des öfteren Rat geholt hat. Doch dieses „Sehen" ist keine exotische Fähigkeit, sondern etwas, was jeder üben kann – was allerdings nicht sehr weit verbreitet ist. Bekannter sind hingegen Wahrträume, in denen man das träumt, was man nächsten Tag dann tatsächlich erlebt.

Dieses „die Zukunft sehen" fühlt sich an wie Erinnern – nur eben „in die falsche Richtung", also in die Zukunft hinein. Doch das Gefühl dabei – dieses sich-Ausrichten, Suchen, Warten und Schauen ist beim Erinnern und beim Zukunft-Sehen genau dasselbe.

Die Möglichkeit, die Zukunft zu sehen, hat natürlich eine Menge weltanschaulicher Konsequenzen – vor allem die Tatsache, dass die Zukunft offenbar schon festliegt und auch schon gesehen werden kann. Vor diesem Hintergrund ist das Leben wie eine Wanderung auf einem Weg durch eine Landschaft, der bereits festliegt, und auf dem das Bewusstsein mit seiner Wahrnehmung entlang geht. Das stellt natürlich sofort die Frage nach dem freien Willen.

Dieses „bereits Festliegen der Zukunft" zeigt sich auch darin, dass man schon heute das Horoskop eines Menschen ausrechnen und deuten kann, der z.B. in 50 Jahren am 16.8.2074 um 14.29Uhr in Berlin geboren wird. Man weiß natürlich nicht, ob genau dann ein Mensch geboren wird, aber wenn dann ein Mensch geboren wird, wird er genau den schon im Voraus mithilfe des Horoskops berechneten Charakter haben.

Schließlich kann man zu dem Thema „Bewusstsein und Zeit" noch eine weitere Überlegung anstellen:

1. Das Bewusstsein ist die Innenseite und die Materie die Außenseite der-selben Sache – oder spezieller: der Leib ist die Außenseite eines Men-schen und das Bewusstsein seine Innenseite.

2. Wenn diese Bewusstsein/Leib-Analogie für den Menschen gilt, sollte sie auch für Tiere, Pflanzen und alle anderen Dinge, also letztlich für die ganze Welt gelten.

3. In der Physik werden Energiequanten als Krümmungen der Raumzeit angesehen und beschrieben. Alle Elementarteilchen bestehen aus solchen Energiequanten – wie seit Einsteins berühmter Formel „$E=mc^2$" allgemein bekannt ist. Die gesamte Materie lässt sich also als die Formen der Raumzeit – ihre „Krümmungen" beschreiben. Es gibt folglich letztlich aus physikalischer Sicht nur diese Raumzeit und ihre Formen. Die Welt ist also im ganz Kleinen betrachtet eine Einheit und nur bei der Betrachtung großer Gegenstände eine Vielfalt.

Das bedeutet, dass auch das Bewusstsein, das ja die Innenseite der Materie ist, auch eine solche alles umfassende Einheit wie die Raumzeit sein muss. So wie sich in der Raumzeit einzelne Raumzeit-Krümmungen als Energiequanten lokalisieren lassen, und wie sich weiterhin Energie-quanten-Zusammenballungen als Elementarteilchen wahrnehmen lassen, die Elementarteilchen dann Atome, Moleküle, Zellen, Lebewesen usw. bilden – so sollte sich daher auch das Bewusstsein von dem allum-fassenden Bewusstsein, das der Raumzeit entspricht, schrittweise zu immer komplexeren und stärker abgegrenzten Einheiten ausdifferen-zierten.

Ganz am Fundament wäre dann die Einheit des Bewusstseins – was man wohl meistens mit „Gott" umschreiben würde. Dann folgen die Gott-heiten oder Heiligen oder Engel, also die erste Differenzierungsstufe dieses allumfassenden Bewusstseins, das der Raumzeit entspricht. Als nächstes folgen dann die Seelen, also das Tiefschlaf-Bewusstsein, dann das Traumbewusstsein, danach das Wachbewusstsein und schließlich die Ekstase.

Es gibt also mit großer Wahrscheinlichkeit eine organische Gliederung des Bewusstseins, die der stufenweisen Gliederung der Raumzeit von den Energiequanten über die Elementarteilchen, Atome, Moleküle usw. bis hin zu den Lebewesen entspricht.

Dabei entspricht wahrscheinlich

    - die Raumzeit Gott – beides ist allumfassend;

    - die Energiequanten den Gottheiten – beide haben klare Eigenschaften, aber sind abgrenzungslos;

- die Atome den Seelen – beides sind die zentralen Elemente; und

- die Moleküle dem Unterbewusstsein, das oft auch als Lebenskraft aufgefasst wird – beides ist ständig im Fluss.

Man kann sich diese Raumzeit und auch das einheitliche Bewusstsein („Gott“) auch als ein großes Laken vorstellen, an dem es an allen möglichen Stellen Ausbeulungen gibt, die dann jeweils ein Atom, ein Molekül, ein Stein usw. oder eine Erinnerung, ein Impuls, eine Erkenntnis usw. sind.

Dieses sich schrittweise ausdifferenzierende Bewusstsein wird von Mystikern, Yogis, Sufis, Meditierenden usw. erforscht und von Geistheilern, Sehern, Magiern usw. in ihren „Wunder-Taten“ genutzt. Auch die sogenannten „Spontanheilungen“ gehen zu einem großen Teil – wenn nicht sogar vollständig – auf die gestaltenden und transformierenden Möglichkeiten des Bewusstseins zurück.

4. Seit Einstein ist bekannt, dass man den Raum und die Zeit nicht getrennt voneinander betrachten kann – es gibt nur die Raumzeit. Dieser Zusammenhang wird in der Relativitätstheorie beschrieben.

Das hat eine interessante Konsequenz für die Möglichkeiten des Bewusstseins: Wenn das Bewusstsein a) die Innenseite der Materie ist, b) der Raum stets fest an die Zeit gekoppelt ist, und c) sich das Bewusstsein räumlich ausdehnen kann, dann ergibt sich daraus zwangsläufig als d), dass sich das Bewusstsein auch zeitlich ausdehnen können muss – schließlich gibt es keinen von der Zeit isolierten Raum und auch keine vom Raum isolierte Zeit, sondern nur die Raumzeit.

Folglich muss es für das Bewusstsein die Möglichkeit geben, sich 1. an Dinge vor der eigenen Geburt zu erinnern, und sich 2. an Dinge zu „erinnern“, die noch in der Zukunft liegen.

Diese Überlegung wird zum einen dadurch bestätigt, dass es Seher gibt, und zum anderen auch dadurch, dass man mithilfe der Astrologie die Zukunft berechnen kann.

Folglich steht die Möglichkeit des Bewusstseins, die Zukunft vorherzusehen, in keinerlei Widerspruch zu dem, was in den früheren Kapiteln über das Bewusstsein gesagt worden ist.

Das Bewusstsein kann sich nicht nur räumlich, sondern auch zeitlich in beide Richtungen (Vergangenheit und Zukunft) ausdehnen.

10. Zusammenfassung

Bewusstsein ist die Innenseite der Materie – und Materie ist die Außenseite des Bewusstseins.

Der individuelle Egoismus (Tod-Vermeidung) und der kollektive Egoismus (Sex-Anstreben) bilden zusammen mit dem durch das Horoskop beschriebenen Stil den Selbstausdrucks-Drang der Menschen und daher auch die Grundausrichtung des Leibes und des Bewusstseins.

Es gibt vier verschiedene, deutlich unterscheidbare und voneinander abgegrenzte Zustände mit grundlegend verschiedenen Aufgaben im Bewusstsein, die jedoch auch durch Bewusstseins-Tore miteinander verbunden sind:
1. Tiefschlaf („Haus", 3Hz, Herzchakra, Fundament – die eigene Mitte, Seele),
2. Träumen („Archiv", 6Hz, Sonnengeflecht und Halschakra, Erinnerung – Instinkte und Assoziation; Steuerung des Leibes),
3. Wachen („Büro", 12Hz, Hara und Drittes Auge, Urteilen – Analogien, Prinzipien, Analyse und Synthese),
4. Ekstase („Spotlight-Lampe", 24Hz, Wurzelchakra und Scheitelchakra, Einsgerichtetheit – direkte Wirkungen des Bewusstseins im Außen: Geistheilungen, Magie, Wunder).

Nach einem Ekstase-Zustand ist eine Entspannungsphase notwendig (Zittern, Schlaf); nach einem Tag voller Erlebnissen ist die Integration der Erlebnisse durch das Träumen in die innere Bilderwelt und durch den Tiefschlaf in das Fundament der Psyche notwendig. Der Zugang zu den Erinnerungen kann durch Traumas und psychische Krankheiten gestört werden.
Das Meditieren ist die Koordination des Wachbewusstseins mit dem Träumen, dem Tiefschlaf oder der Ekstase, wodurch neue Erlebnisse und Handlungsmöglichkeiten entstehen.
Das Bewusstsein kann sich auf andere Lebewesen und Dinge ausdehnen und sie dann wie den eigenen Leib von innen her wahrnehmen und bewegen (Telepathie/ Telekinese). Das Bewusstsein kann sich nicht nur räumlich, sondern auch zeitlich in die Vergangenheit und in die Zukunft hinein ausdehnen.
Das Bewusstsein wird sowohl durch die Kausalität als auch durch Analogien geprägt.

11. Kollektiv

≋

Der sich schrittweise von dem „All-Bewusstsein" (Gott) aus zu dem Wachbewusstsein eines einzelnen Menschen hin ausdifferenzierende Bewusstsein gibt auch dem von C.G. Jung beschriebenen kollektiven Unterbewusstsein ein neues Zuhause. Dieses Bewusstsein, dass die Urbilder (Archetypen) der Menschen enthält, entspricht offensichtlich dem Bereich der Gottheiten zwischen dem Einheits-Bewusstsein und dem Seelen-Bewusstsein (Tiefschlaf) – die Götter sind die Urbilder/Archetypen.

Für einen Menschen ist natürlich das Urbild, also die Gottheit am wichtigsten, die dieselbe Qualität wie die eigene Seele hat, da die Seele, wenn man diese Gottheit gefunden hat, als ein „Tropfen" von dem „Meer" dieser Gottheit erlebt wird. Die Auswirkungen, die diese Begegnung mit der eigenen Clan-Gottheit auf das eigene Leben hat, lässt sich kaum mit Worten beschreiben – man muss es schon selber erleben. Man erhält eine vollkommen sichere Identität, eine klare Vorgehensweise, eindeutige Ziele … alle Fragen an sich selber hören auf, weil man die Antworten weiß.

Das kollektive Unterbewusstsein ist kein abstrakt-theoretisches Konstrukt, sondern etwas, dem man tatsächlich in Traumreisen und Meditationen begegnen kann. Die Gottheiten, d.h. vor allem die eigene Clan-Gottheit sind der nächste Schritt in der Folge „Ekstase – Wachen – Träume – Tiefschlaf/Seele – kollektives Unterbewusstsein/Clan-Gottheit". Der darauf noch folgende Schritt ist dann das Erreichen und Erleben der Einheit des Bewusstseins, die Nirvana, Samadhi, Satori, Erleuchtung, Unio mystica usw. genannt wird. Diese Einheits-Erlebnisse sind also real vorhandene Möglichkeiten, die sich auch auf ganz klar definierte Bereiche und Zustände im Bewusstsein beziehen.

Vor dem Hintergrund dieser allem Bewusstsein zugrundeliegenden Einheit des Bewusstseins (Gott) ist die Existenz von Telepathie und Telekinese alles andere als verwunderlich. Schließlich sollte man auch noch in der Ausdifferenzierung des Bewusstseins in abgegrenzte Einheiten noch immer Spuren der ursprünglichen Einheit finden, und es sollte auch jederzeit möglich sein, von dem isolierten Wachbewusstsein aus näher an diese Einheit heranzukommen – was man dann eben als die Telepathie und die Telekinese erlebt, die in dem Bereich des Traumbewusstseins (Unterbewusstsein) angesiedelt sind.

Die Telepathie und die Telekinese wurden auch von den beiden Freud-Schüler C.G.

Jung und Wilhelm Reich ausführlich beschrieben und z.T. auch angewendet.

Weiterhin kann man auch die Astrologie als Nachweis für dieses Einheits-Bewusstsein anführen, da jedes organisch aufgebaute Wesen in allen seinen Teilen gleich ist, d.h. dass es selbstähnlich ist. Die Astrologie beschreibt nun genau das: Sie ist eine Selbstähnlichkeit aller Bestandteile der Welt. Diese Selbstähnlichkeit bleibt zwar nicht gleich, sondern entwickelt sich ständig weiter, aber zu einem bestimmten Zeitpunkt bilden immer alle Teile des organischen Systems „Welt" Analogien zueinander und sind daher stets selbstähnlich. Die jeweils in einem Augenblick vorhandene Qualität dieser Selbstähnlichkeit lässt sich dann anhand des Planetenstandes ablesen.

Somit ist die Astrologie als Nachweis der Selbstähnlichkeit der Welt auch ein Nachweis für das Vorhandensein einer organischen Gesamtordnung der Welt. Die Welt ist also ein Lebewesen, deren Teile alle selbstähnlich miteinander sind.

Der Bereich der Gottheiten entspricht dem kollektiven Unterbewusstsein.

Bewusstsein ist die Innenseite der Materie – und Materie ist die Außenseite des Bewusstseins.

Der individuelle Egoismus (Tod-Vermeidung) und der kollektive Egoismus (Sex-Anstreben) bilden zusammen mit dem durch das Horoskop beschriebenen Stil den Selbstausdrucks-Drang der Menschen und daher auch die Grundausrichtung des Leibes und des Bewusstseins.

Es gibt sechs verschiedene, deutlich unterscheidbare und voneinander abgegrenzte Zustände mit grundlegend verschiedenen Aufgaben im Bewusstsein, die jedoch auch durch Bewusstseins-Tore miteinander verbunden sind:

1. Tiefschlaf („Haus", 3Hz, Herzchakra, Fundament – die eigene Mitte, Seele),
2. Träumen („Archiv", 6Hz, Sonnengeflecht und Halschakra, Erinnerung – Instinkte und Assoziation; Steuerung des Leibes),
3. Wachen („Büro", 12Hz, Hara und Drittes Auge, Urteilen – Analogien, Prinzipien, Analyse und Synthese),
4. Ekstase („Spotlight-Lampe", 24Hz, Wurzelchakra und Scheitelchakra, Einsgerichtetheit – direkte Wirkungen des Bewusstseins im Außen: Geistheilungen, Magie, Wunder).
5. kollektives Unterbewusstsein (Gottheiten, Clan-Gottheit)
6. Einheit des Bewusstseins (Gott)

Nach einem Ekstase-Zustand ist eine Entspannungsphase notwendig (Zittern, Schlaf); nach einem Tag voller Erlebnissen ist die Integration der Erlebnisse durch das Träumen in die innere Bilderwelt und durch den Tiefschlaf in das Fundament der Psyche notwendig. Der Zugang zu den Erinnerungen kann durch Traumas und psychische Krankheiten gestört werden.

Das Meditieren ist die Koordination des Wachbewusstseins mit dem Träumen, dem Tiefschlaf oder der Ekstase, wodurch neue Erlebnisse und Handlungsmöglichkeiten entstehen.

Das Bewusstsein kann sich auf andere Lebewesen und Dinge ausdehnen und sie dann wie den eigenen Leib von innen her wahrnehmen und bewegen (Telepathie/ Telekinese). Das Bewusstsein kann sich nicht nur räumlich, sondern auch zeitlich in die Vergangenheit und in die Zukunft hinein ausdehnen.

Das Bewusstsein wird sowohl durch die Kausalität als auch durch Analogien geprägt.

12. Einheit

♓

Nun lassen sich in diesem letzten Kapitel dieser kurzen Betrachtung über das Bewusstsein nur noch ein paar Anmerkungen und eine Frage hinzufügen.

Die Ansicht, dass die ganze Welt ein Bewusstsein hat, also das alle Dinge in ihr ein Bewusstsein haben, ist zunächst etwas ungewohnt. Das bedeutet aber auch nicht, dass auch jeder Stein ein solches Wachbewusstsein hat wie ein Mensch, sondern nur, dass eben alles ein Bewusstsein hat. Die Komplexität und daher auch die „Wachheit" dieses Bewusstseins hängt auch von der Komplexität dessen ab, was man da betrachtet – und ein Stein ist doch recht schlicht aufgebaut …

Wenn man viel mit Tieren zu tun hat, wird man feststellen, dass sie ganz offensichtlich ein Bewusstsein haben. Pferde können sich mit den Vorerbeinen ihren Fliegenschutz von dem Kopf ziehen, Hunde sind völlig verwirrt, wenn sie im TV die Verwandlung eines Menschen in einen Hund sehen, Krähen nutzen vorbeifahrende Autos als Nussknacker usw.

Auch bei Pflanzen kann man ein Bewusstsein nachweisen. Der „grüne Daumen" ist ja recht gut bekannt: Manche Menschen können Pflanzen durch Lob oder Drohungen zum Gedeihen und Blühen bringen. Das kann nur über Telepathie geschehen, da die Pflanzen ja keine Ohren haben.

Weiterhin entspricht die Wirkung mancher homöopathischer Heilmittel genau der Geschichte der Substanz, aus der sie hergestellt werden. So ist z.B. der Bärlapp (Lycopodium) einst der „König der Wälder gewesen, doch heute ist er nur noch ein kleines Kraut am Waldrand – und fast die gesamte Steinkohle und Braunkohle sowie das Erdöl und das Erdgas sind aus den Stämmen der damaligen Bärlapp-Wälder entstanden. Dieses kleine Kraut, das heute auf den „Massengräbern" seiner ruhmreichen Vorfahren lebt, heilt als homöopathisches Mittel bei Menschen die Art von Depression, die entstehen, wenn man überzeugt ist, dass die eigene große Zeit schon lange vorbei ist und man sich nur noch so gerade eben aufrecht halten kann. Dieser Zusammenhang zwischen der Geschichte des Bärlapps und der Wirkung des Bärlapps zeigt, dass der Bärlapp – und auch alle anderen Pflanzen – eine Art kollektives Gedächtnis haben müssen.

Wenn man nun die durch den Grünen Daumen nachgewiesene Telepathie, also die Wahrnehmungsfähigkeit der Pflanzen, mit ihrem Gedächtnis, das durch die homöopathischen Mittel nachgewiesen ist, kombiniert, erhält man notwendigerweise ein Bewusstsein: Wahrnehmung + Erinnerungsfähigkeit = Bewusstheit.

Somit ist die Annahme, dass alle Materie auch eine Bewusstseinsseite hat, schon etwas plausibler. Man könnte dies in Anlehnung an den Begriff „Pantheimus" auch „Pan-Bewusstsein" nennen – wobei die Götter ja ein Teil dieses „Pan-Bewusstseins" sind. Dieses „Pan-Bewusstsein" ist also unter anderem auch eine Präzisierung der Vorstellung eines Pantheimus.

Was geschieht mit dem Bewusstsein nach dem Tod? Und was geschah mit ihm vor der Zeugung? Wenn man von dem hier beschriebenen Modell ausgeht, lässt sich das recht einfach beschrieben. Zunächst einmal folgt hier eine Übersicht über die Bewusstseins-Zustände während des Lebens:

- Von der Zeugung bis zum Ende des 2. Monats befindet sich das Bewusstsein des Ungeborenen im Tiefschlaf, wie man mithilfe von EEGs feststellen kann.

- Vom 3. bis zum 8. Monat zeigt das EEG den Tiefschlaf und das Träumen.

- Im 9. Monat kommt zu dem Tiefschlaf und dem Träumen auch noch das Wachen hinzu.

- Der Ekstase-Zustand findet sich das erste Mal vermutlich bei der Geburt.

- Während des Lebens wechseln sich diese vier Zustände miteinander ab.

- Wenn es kein gewaltsamer Tod ist, wird der Ekstase-Zustand schon eine Weile vor dem Tod nicht mehr auftreten.

- Kurz vor dem endgültigen Tod schwindet auch das Wachbewusstsein.

- Schließlich endet das Bewusstsein ganz, d.h. das EEG zeigt keine Schwingung mehr an.

Es ist hier also während des Lebens eine klare Folge zu sehen:

- Tiefschlaf

- Tiefschlaf + Träumen

- Tiefschlaf + Träumen + Wachen

- Tiefschlaf + Träumen + Wachen + Ekstase

- Tiefschlaf + Träumen + Wachen

- Tiefschlaf + Träumen

- Tiefschlaf (?)

Es ist zu sehen, dass sich die Komplexität des Bewusstseins allmählich aufbaut und dann wieder auflöst. Es ist folglich anzunehmen, dass sich das Bewusstsein nach dem Tod bis auf das zurückbildet, was man die „Seele" nennt. Diese Seele existiert möglicherweise auch nach dem Tod noch weiter und hat möglicherweise auch schon vor der Zeugung existiert hat. Diese Möglichkeit wird durch Astralreise deutlich, bei der man mit seinem Bewusstsein den eigenen Leib verlässt.

Die Annahme einer Weiterexistenz nach dem Tod und einer Existenz auch schon vor der Zeugung wird auch durch die Erlebnisse bei einem Nahtod und durch die Erinnerungen von Kindern an die Zeit vor ihrer Zeugung bestätigt.

Nimmt man nun noch hinzu, dass sich das Bewusstsein auch zeitlich ausdehnen kann, also sich an Dinge vor der eigenen Geburt erinnern kann und auch Dinge in der Zukunft sehen kann, steht der Annahme einer Weiterexistenz des eigenen Bewusstseins nach dem Tod nichts mehr im Wege. Allerdings ist das, was da weiterexistiert, nicht das Wachbewusstsein, sondern die Stille, die man in der Meditation erleben kann.

Auch die Reinkarnation ist vor diesem Hintergrund durchaus denkbar – wobei das, was sich da reinkarniert, nicht das Wachbewusstsein ist, sondern eben die Seele, also das Tiefschlaf-Bewusstsein. Die vorige Inkarnation, die derzeitige Inkarnation und die zukünftige Inkarnation sind auch alle vollkommen verschiedene Menschen mit verschiedenen Eltern, verschiedenen Horoskopen, einem Leben zu verschiedenen Zeiten und an verschiedenen Orten … Die Verbindung zwischen zwei Reinkarnationen ist also nicht ein „Weiterleben", sondern ein „als ein anderer Mensch weiterleben".

Möglicherweise löst sich nach dem Tod auch noch das Tiefschlaf-Bewusstsein in das kollektive Unterbewusstsein hinein auf und bildet von dort aus dann erneut die Seele eines neuen Menschen.

Doch das sind Bereiche, für deren genauere Untersuchung man viele Seiten mehr bräuchte als dieses eine Kapitel in diesem Booklet …

Es ist denkbar, dass sich das Bewusstsein eines Menschen bei seinem Tod ganz auf die Ebene des Tiefschlafs oder sogar bis zu der Clan-Gottheit des Toten im kollektiven Unterbewusstseins zurückzieht – um dann von dort aus das Bewusstsein eines neuen Menschen zu bilden.

Bewusstsein ist die Innenseite der Materie – und Materie ist die Außenseite des Bewusstseins.

Der individuelle Egoismus (Tod-Vermeidung) und der kollektive Egoismus (Sex-Anstreben) bilden zusammen mit dem durch das Horoskop beschriebenen Stil den Selbstausdrucks-Drang der Menschen und daher auch die Grundausrichtung des Leibes und des Bewusstseins.

Es gibt sechs verschiedene, deutlich unterscheidbare und voneinander abgegrenzte Zustände mit grundlegend verschiedenen Aufgaben im Bewusstsein, die jedoch auch durch Bewusstseins-Tore miteinander verbunden sind:
1. Tiefschlaf („Haus", 3Hz, Herzchakra, Fundament – die eigene Mitte, Seele),
2. Träumen („Archiv", 6Hz, Sonnengeflecht und Halschakra, Erinnerung – Instinkte und Assoziation; Steuerung des Leibes),
3. Wachen („Büro", 12Hz, Hara und Drittes Auge, Urteilen – Analogien, Prinzipien, Analyse und Synthese),
4. Ekstase („Spotlight-Lampe", 24Hz, Wurzelchakra und Scheitelchakra, Einsgerichtetheit – direkte Wirkungen des Bewusstseins im Außen: Geistheilungen, Magie, Wunder).
5. kollektives Unterbewusstsein (Gottheiten, Clan-Gottheit – bis auf diese Ebene hin löst sich vermutlich das Bewusstsein eines Toten auf)
6. Einheit des Bewusstseins (Gott)

Nach einem Ekstase-Zustand ist eine Entspannungsphase notwendig (Zittern, Schlaf); nach einem Tag voller Erlebnissen ist die Integration der Erlebnisse durch das Träumen in die innere Bilderwelt und durch den Tiefschlaf in das Fundament der Psyche notwendig. Der Zugang zu den Erinnerungen kann durch Traumas und psychische Krankheiten gestört werden.

Das Meditieren ist die Koordination des Wachbewusstseins mit dem Träumen, dem Tiefschlaf oder der Ekstase, wodurch neue Erlebnisse und Handlungsmöglichkeiten entstehen.

Das Bewusstsein kann sich auf andere Lebewesen und Dinge ausdehnen und sie dann den eigenen Leib von innen her wahrnehmen und bewegen (Telepathie/ Telekinese). Das Bewusstsein kann sich nicht nur räumlich, sondern auch zeitlich in die Vergangenheit und in die Zukunft hinein ausdehnen. Ein Aspekt dieser Möglichkeiten ist es, dass es die Reinkarnation geben könnte.

Das Bewusstsein wird sowohl durch die Kausalität als auch durch Analogien geprägt.

<u>Bücher von Harry Eilenstein</u>

<u>Magie für Anfänger</u>
- Telepathie für Anfänger (60 S.)
- Telepathie für Fortgeschrittene (52 S.)
- Telekinese für Anfänger (52 S.)
- Analogien für Anfänger (56 S.)
- Omen und Orakel für Anfänger (52 S.)
- Lebenskraft für Anfänger (60 S.)
- Meditation für Anfänger (56 S.)
- Kundalini für Anfänger (100 S.)
- Hypnose für Anfänger (56 S.)
- Kampfmagie für Anfänger (172 S.)
- Auto-Movement für Anfänger (56 S.)
- Chakra-Magie für Anfänger (148 S.)
- Astralreisen für Anfänger (56 S.)
- Astrologie für Anfänger (120 S.)
- Astrologische Quadrate für Fortgeschrittene (72 S.)
- Partnerhoroskope für Anfänger (100 S.)
- Silberschnüre für Anfänger (52 S.)
- Zaubersprüche für Anfänger (60 S.)
- Ritual-Magie für Anfänger (56 S.)
- Mandalas für Anfänger (68 S.)
- Geldzauber für Anfänger (56 S.)
- Liebeszauber für Anfänger (52 S.)
- Invokationen für Anfänger (52 S.)
- Evokationen für Anfänger (60 S.)
- Geister für Anfänger (52 S.)
- Elfen für Anfänger (56 S.)
- Magie-Forschung für Anfänger (140 S.)
- Magie-Romantik für Anfänger (60 S.)
- Selbsterkenntnis für Anfänger (52 S.)
- Einweihungen für Anfänger (60 S.)
- Drogen-Kabbala für Anfänger (216 S.)
- Zahlensymbolik für Anfänger (60 S.)
- Die Sprache des Mondes – für Anfänger (116 S.)
- Zaubergesänge für Anfänger (100 S.)
- Zukunftschau für Anfänger (60 S.)
- Schamanismus für Anfänger (52 S.)
- Schwitzhütten für Anfänger (52 S.)
- Magische Gegenstände für Anfänger (68 S.)
- Übertragungen für Anfänger (68 S.)
- Zaubertränke für Anfänger (64 S.)
- Magie-Gesten für Anfänger (252 S.)
- Da'ath-Magie für Anfänger (64 S.)
- Magie-Heilungen für Anfänger (68 S.)
- Kornkreise für Anfänger (348 S.)
- Feng Shui für Anfänger (96 S.)
- Tao für Anfänger (112 S.)
- Magie für Anfänger – Sammelband   I (696 S.)
- Magie für Anfänger – Sammelband   II (664 S.)
- Magie für Anfänger – Sammelband III (580 S.)
- Magie für Anfänger – Sammelband IV (700 S.)
- Magie für Anfänger – Sammelband   V (676 S.)
- Magie für Anfänger – Sammelband VI (640 S.)

<u>Magie</u>
- Handbuch für Zauberlehrlinge (408 S.)
- Wie man das Pentagramm-Ritual zum Leben erweckt (308 S.)
- Tarot (104 S.)
- Physik und Magie (184 S.)
- Die Synthese von Physik und Magie (200S.)
- Die Magie-Formel (156 S.)
- Schwarze Löcher in der Magie (56 S.)
- Krafttiere – Tiergöttinnen – Tiertänze (112 S.)
- Schwitzhütten (524 S.)
- Mythen und Magie der Harfe (116 S.)
- Drei Adeptus Major Rituale (192 S.)
- Drei Adeptus Exemptus Rituale (120 S.)
- Zwei Infans Abyssi Rituale (128 S.)

<u>Traumreisen</u>
- Traumreisen zu Heilpflanzen (700 S.)
- Traumreisen zum kabbalistischen Lebensbaum (132 S.)

<u>Meditation</u>
- Der Lebenskraftkörper (230 S.)
- Die Chakren (100 S.)
- Das Chakren-System mit den Nebenchakren (296 S.)
- Organe und Chakren (64 S.)
- Die platonischen Körper in den Chakren (156 S.)
- Meditation (140 S.)
- Drachenfeuer (124 S.)
- Kundalini I (676 S.)
- Kundalini II (672 S.)
- Reinkarnation (156 S.)
- einsgerichtet (140 S.)

<u>Astrologie</u>
- Astrologie (496 S.)
- Photo-Astrologie (428 S.)
- Die astrologischen Aspekte (88 S.)
- Horoskop und Seele (120 S.)

<u>Kabbala</u>
- Kursus der praktischen Kabbala (150 S.)
- Eltern der Erde (450 S.)
- Blüten des Lebensbaumes:
    1. Die Struktur des kabbalistischen Lebensbaumes (370 S.)
    2. Der kabbalistische Lebensbaum als Forschungshilfsmittel (580 S.)
    3. Der kabbalistische Lebensbaum als spirituelle Landkarte (520 S.)
- Logik und Wirkung der Analogie (700 S.)

<u>Eilenstein, Frater V.D., Knecht, Büdenbender</u>
- Magie heute – Berichte aus der Praxis (288 S.)

<u>Büdenbender, Eilenstein</u>
- Chaos, Alk und Magic (436 S.)

<u>Religion allgemein</u>
- Die sieben Schritte des Lebens (428 S.)
- Muttergöttin und Schamanen (168 S.)
- Totempfähle (440 S.)
- Der Urriese (168 S.)

<u>Jungsteinzeit</u>
- Göbekli Tepe (472 S.)
- Die Göttin von Göbekli Tepe (144 S.)
- Die Rituale von Göbekli Tepe (112 S.)

<u>Ägypten</u>
- Hathor und Re 1: Götter und Mythen im
  im Alten Ägypten (432 S.)
- Hathor und Re 2: Die altägyptische Religion
  – Ursprünge, Kult und Magie (396 S.)
- Isis (508 S.)
- Ma'at (200 S.)

<u>Indogermanen</u>
- Die Entwicklung der indogermanischen
  Religionen (700 S.)
- Wurzeln und Zweige der indogermanischen
  Religion (224 S.)

<u>Christentum</u>
- Christus (60 S.)
- Die Biographie des Teufels (144 S.)
- Die Magie der Propheten Elias und Elisa (96 S.)

<u>Psychologie</u>
- Über die Freude (100 S.)
- Das Geheimnis des inneren Friedens (252 S.)
- Das Beziehungsmandala (52 S.)
- Gefühle und ihre Verwandlungen (404 S.)
- einsgerichtet (140 S.)
- Liebe und Eigenständigkeit (216 S.)
- Von innerer Fülle zu äußerem Gedeihen (52 S.)
- Kreative Hochzeits-Rituale (56 S.)

<u>Heilung</u>
- Die Symbolik der Krankheiten (76 S.)

<u>Kunst</u>
- Herz des Tanzes – Tanz des Herzens (160 S.)
- Die Wurzeln der Kunst (60 S.)
- Wege zur Musik-Improvisation (32 S.)

<u>Drama</u>
- König Athelstan (104 S.)

<u>Roman</u>
- Maran der Schamane (548 S.)
- Maran der Zauberlehrling (676 S.)
- Maran der Harfner (700 S.)
- Maran der Krieger (700 S.)
- Maran der Magier (900 S.)
- Maran der Weise (900 S.)

<u>Entwürfe für die Zukunft</u>
1. Die 12 Stile des Tierkreises (164 S.)
2. Die 12 Gedanken zur Energie (108 S.)
3. Die 12 Phänomene der Schwingungen (60 S.)
4. Die 12 Qualitäten des Wassers (92 S.)
5. Die 12 Fundamente des Wohnens (96 S.)
6. Die 12 Grundprinzipien einer umfassenden
   Gesundheit (32 S.)
7. Die 12 Zonen des menschlichen Körpers (80 S.)
8. Die 12 Zutaten der Ernährung (60 S.)
9. Die 12 Flüge der Bienen (148 S.)
10. Die 12 Sichtweisen auf Genußmittel und Drogen (96 S.)
11. Die 12 Möglichkeiten der ganzheitlichen Medizin (92 S.)
12. Die 12 Ansichten über das Impfen (36 S.)
13. Die 12 Leitlinien der Erziehung (44 S.)
14. Die 12 Richtungen des Denkens (84 S.)
15. Die 12 Arten des Lernens (56 S.)
16. Die 12 Seiten einer umfassenden Bildung (36 S.)
17. Die 12 Ansätze zu effektivem Handeln (76 S.)
18. Die 12 Konzepte der Arbeit (48 S.)
19. Die 12 Arten der neuen Technologien (36 S.)
20. Die 12 Betrachtungsweisen der künstlichen
    Intelligenz (48 S.)
21. Die 12 Eigenheiten des Geldes (40 S.)
22. Die 12 Funktionen der Steuern (56 S.)
23. Die 12 Betrachtungsweisen der Sozialberufe (60 S.)
24. Die 12 Strategien der Macht (64 S.)
25. Die 12 Anforderungen an ein neues Wertesystem (48 S.)
26. Die 12 Bausteine einer neuen Gesellschaftsform (52 S.)
27. Die 12 Tore zur Sophikratie (80 S.)
28. Die 12 Pfade zum Frieden (48 S.)
29. Die 12 Säulen des Naturrechts (56 S.)
30. Die 12 Grundlagen der Beziehungen (52 S.)
31. Die 12 Spielfelder des Fußballs (108 S.)
32. Die 12 Wege der Kunst (60 S.)
33. Die 12 Wurzeln eines erfüllten Lebens (44 S.)
34. Die 12 Bereiche des Bewußtseins (56 S.)
35. Die 12 Tempel der Religionen (84 S.)
36. Die 12 Aspekte eines einheitlichen
    spirituell-physikalischen Weltbildes (72 S.)
37. Die 12 Dynamiken der Verwandlung (44 S.)
- Sammelband 1 „Natur" (492 S.)
- Sammelband 2 „Gesundheit" (512 S.)
- Sammelband 3 „Bildung" (524 S.)
- Sammelband 4 „Gesellschaft" (416 S.)
- Sammelband 5 „Psyche" (380 S.)

die „Anfänger"-Reihe
- The Synthesis of Physics and Magic (192 p.)
- Telepathy for Beginners (60 p.)
- Telepathy for Advanced Learners (52 p.)
- Telekinesis for Beginners (56 p.)
- Life Force for Beginners (76 p.)
- Kundalini for Beginners (104 p.)
- Astral Projection for Beginners (60 p.)
- Meditation for Beginners (60 p.)
- Prophecy for Beginners (60 p.)
- Ritual Magic for Beginners (64 p.)
- Magic Chant for Beginners (108 p.)
- Invocations for Beginners (52 p.)
- Evocations for Beginners (62 p.)
- Auto-Movement for Beginners (60 p.)
- Elves for Beginners (56 p.)
- Hypnosis for Beginners (56 p.)
- Love Magic for Beginners (52 p.)
- Money Magic for Beginners (60 p.)
- Magic Objects for Beginners (64 p.)
- Shamanism for Beginners (52 p.)
- Chakra-Magic for Beginners (148 p.)
- Language of the Moon – for Beginners (128 p.)
- Self Knowledge for Beginners (60 p.)
- Da'ath-Magic for Beginners (64 p.)
- Astrology for Beginners (112 p.)
- Number Symbolism for Beginners (64 p.)
- Mandalas for Beginners (76 p.)
- Crop Circles for Beginners (344 p.)
- Feng Shui for Beginners (96 p.)
- Magic Research for Beginners (140 p.)
- Magic for Beginners – Anthology I (636 p.)
- Magic for Beginners – Anthology II (616 p.)
- Magic for Beginners – Anthology III (684 p.)
- Magic for Beginners – Anthology IV (580 p.)

Eilenstein, Frater V.D., Knecht, Büdenbender
- Living Magic (261 S.) (= „Magie heute")

sonstige englische Ausgaben
- The Biography of the Devil (140 S.)
- The Synthesis of Physics and Magic (192 S.)
- The Chakra-System with the Minor Chakras (304 S.)